AF330180

1037
T.

EXPLICATION
DU LIVRE
DES PSEAUMES,
OÙ

Selon la méthode des saints Peres, l'on s'atache
.à découvrir les Mysteres de JESUS-CHRIST,
& les Régles des mœurs renfermées dans la
lettre même de l'Ecriture.

TOME CINQUIÉME.

A PARIS,

Chez FRANÇOIS BABUTY, ruë saint Jâques,
à Saint Chrysostome.

M. D. CC. XXXIX.

Avec Approbation & Privilége du

TABLE

DES

PSEAUMES,

Contenus dans le cinquiéme
Volume.

TABLE
GENERALE ET ALPHABETIQUE
DES
PSEAUMES

Contenus dans les cinq Volumes.

La Lettre a, *marque le Tome I :* b, *le Tome II ,* c ; *le Tome III :* d, *le Tome IV :* e, *le Tome V.*

a iiij

Fin de la Table générale des Pseaumes.

PSEAUMES

PSEAUMES
DE
DAVID.

PSEAUME XXXIV.

℣. 1. [PSEAUME]
de David.

Seigneur, citez à votre tribunal ceux qui m'acufent [devant les hommes :] combattez ceux qui me combattent.

℣. 2. Prenez vos armes & votre bouclier : & levez-vous pour me fecourir.

℣. 1. Pfi (a)
David.

Judica (b),
Domine, nocentes me : expugna impugnantes me.

℣. 2. Apprehende arma (c) & fcutum : & exurge in adjutorium mihi.

(a) Heb. Davidis.
(b) Heb. ריב Litiga cum litigatoribus meis,
qui me majeſtatis accuſent.
(c) Heb. מגן, clypeus.

℣. 3. *Effunde* (a) *frameam, & conclude* (b) *adversus eos qui persequuntur me : dic animæ meæ, salus tua ego sum.*

℣. 3. Préfentez votre lance, & fermez le paffage à ceux qui me pourfuivent : dites à mon ame, je fuis ton Sauveur ; *à la lettre,* ton falût.

℣. 4. *Confundantur & revereantur quærentes animam meam.*

℣. 4. Que ceux qui cherchent à m'ôter la vie, demeurent confus & honteux.

Avertantur retrorfum, & confundantur, cogitantes mihi mala.

Que ceux qui penfent à me faire du mal, retournent en arriére, & foient couverts d'ignominie.

℣. 5. *Fiant tanquam pulvis* (c) *ante faciem venti : & Angelus Domini coarctans* (d) *eos.*

℣. 5. Qu'ils deviennent comme la pouffiere que le vent emporte : & que l'Ange du Seigneur les chaffe devant lui.

℣. 6. *Fiat via illorum tenebræ & lubricum* (e) *: & Angelus Domini perfequens eos.*

℣. 6. Que leur chemin ne foit que ténébres : que partout il foit gliffant pour eux ; & que l'Ange du Seigneur les pourfuive.

(a) *Heb.* Exere lanceam.
(b) Supple, viam.
(c) *Heb.* gluma.
(d) *Heb.* impellens.
(e) *Heb.* Iter lubricum.

℣. 7. Parce qu'ils m'ont dreſſé ſans ſujet des piéges ſecrets, & qu'ils m'ont creuſé des précipices ſans raiſon.

℣. 8. Qu'une ruine imprévûë acable mon ennemi : qu'il ſe prenne au piége qu'il a dreſſé, & qu'il tombe dans les malheurs mêmes qu'il a préparés.

℣. 9. Alors mon ame ſe réjoüira dans le Seigneur; & treſſaillera d'allégreſſe de ce qu'il l'aura ſauvée.

℣. 10. Tous mes os lui diront : Seigneur, qui eſt ſemblable à vous ?

Qui délivrez le foible des mains de celui qui eſt plus puiſſant que lui : le foible & le pauvre de ce-

℣. 7. *Quoniam gratis abſconderunt mihi interitum* (a) *laquei ſui : ſupervacuè exprobraverunt* (b) *animam meam.*

℣. 8. *Veniat illi laqueus* (c) *quem ignorat ; & captio quam abſcondit, apprehendat eum : & in laqueum* (d) *cadat in ipſum.*

℣. 9. *Anima autem mea exultabit in Domino : & delectabitur ſuper ſalutari ſuo.*

℣. 10. *Omnia oſſa mea dicent : Domine, quis ſimilis tibi ?*

Eripiens inopem de manu fortiorum ejus : egenum, & pauperem à deri-

---

(a) *Heb.* foveam retis ſui : duo jungit ſynonyma, ad augendum.

(b) Hîc potiùs ſigni-

ficat; foderunt contrà animam meam.

(c) *Heb.* devaſtatio.

(d) Idem.

pientibus eum.

℣. 11. Surgentes testes iniqui : quæ ignorabam interrogabant me.

℣. 12. Retribuebant mihi mala pro bonis, sterilitatem (ᵃ) animæ meæ.

℣. 13. Ego autem, cùm mihi (ᵇ) molesti essent, induebar cilicio.

Humiliabam in jejunio animam meam ; & oratio mea in sinu meo convertetur.

℣. 14. Quasi proximum, & quasi fratrem nostrum sic (ᶜ) complacebam : quasi lugens (ᵈ), & contristatus, sic

lui, dont ils étoient la proie.

℣. 11. De faux témoins se sont élevés contre moi; & m'ont reproché * des choses ausquelles je n'avois pas pensé.

℣. 12. Ils m'ont rendu le mal pour le bien. Ils ont réduit mon ame à une entiere privation.

℣. 13. Et moi au contraire, lorsqu'ils étoient malades, je me couvrois d'un sac.

J'afligeois mon ame par le jeûne : & [la tête courbée] sur mon sein, je réïtérois mes prieres avec instance.

℣. 14. J'agissois comme si chacun d'eux avoit été mon ami, ou mon frere : & je marchois le visage triste & baissé contre terre, comme celui

---

* *Lett.* m'ont interrogé.

(ᵃ) *Heb.* orbitatem.

(ᵇ) *Heb.* cùm ægrotarent.

(ᶜ) *Heb.* ambulabam, me gerebam.

(ᵈ) *Heb.* quasi lugens matrem, contristatus, (propriè pullatus) incurvabar.

qui pleure sa mere.

℣. 15. Mais ils se sont réjoüis, lorsqu'ils m'ont vû prêt de tomber : ils se sont assemblés de toutes parts (*ou* : se sont assemblés contre moi, sans que j'en sçusse le sujet) pour me porter des coups, sans que je le sçusse.

℣. 16. Ils m'ont déchiré, & n'ont point cessé de me calomnier : ils m'ont mis à l'épreuve; ils m'ont insulté avec des railleries piquantes : ils ont grincé les dents contre moi.

humiliabar.

℣. 15. *Et* (a) *adversum me lætati sunt, & convenerunt : congregata sunt super me* (b) *flagella & ignoravi.*

℣. 16. *Dissipati* (c) *sunt, nec compuncti; tentaverunt* (d) *me, subsannaverunt* (e) *me subsannatione* (f) *; frenduerunt super me dentibus suis.*

(a) *Heb.* At in claudicatione meâ. *Chald.* In calamitate meâ, in lapsu meo.

(b) נכים de נכה percutere. *S. Hier.* percussores.

(c) *Heb.* Prosciderunt, nec siluerunt.

(d) LXX Interpr. & Vulgata legerunt, בחנוני tentaverunt, pro בחנפי cum hypocritis mutatis litteris.

(e) LXX legerunt לעגי subsannaverunt, pro sannionis.

(f) LXX legerunt לעג subsannando vel subsannatione ; sic & Vulgata ; pro מעוג placenta, panis subcinericius. In Heb. versus sic habet בחנפי לעגי מעוג, id est, cum hypocritis sannionibus.

L'Hébreu est fort obscur. En voici à peu-près le sens : « Ils m'ont déchiré, & ils n'ont point

℣. 17. *Domine, quandò* (ᵃ) *respicies ? restitue animam meam à malignitate* (ᵇ) *eorum, à leonibus unicam* (ᶜ) *meam.*

℣. 18. *Confitebor tibi in Ecclesiâ magnâ : in populo gravi* (ᵈ) *laudabo te.*

℣. 19. *Non supergaudeant mihi qui adversantur me iniquè : qui oderunt me gratis, & annuunt oculis.*

℣. 17. Seigneur, jusqu'à quand * le verrez-vous (en le soufrant?) délivrez mon ame de leur violence : délivrez mon ame seule & désolée †, de la fureur de ces lions.

℣. 18. Je vous rendrai des actions de graces dans une grande assemblée : je célébrerai vos loüanges parmi un peuple nombreux.

℣. 19. Que ceux qui me persécutent injustement, ne se réjoüissent point de mes maux : que ceux qui me haïssent sans sujet, ne se fassent pas signe des yeux l'un à l'autre, en se moquant de moi.

» cessé de me calomnier. » Au milieu d'une troupe » d'hypocrites & de boufons, qui faisoient de » basses railleries. Ils ont » grincé les dents contre » moi ». *Vat.*

* *Lett.* Verrez-vous ?

† *Ou*, & sans protection.

(ᵃ) quandiu כמה.

(ᵇ) à vastationibus, desolationibus, *de*, שאה vastavit, tumultuatus est.

(ᶜ) Sic Aquila & Sym. LXX; sed alii unicè dilectam.

(ᵈ *Heb.* forti, robusto, id est, numeroso.

℣. 20. Car ils n'ont point de parole de paix ; & ils concertent des intrigues pour tromper les humbles de la terre, qui se tiennent tranquiles : *ou*, qui ne respirent que la paix.

℣. 21. Leur bouche s'est répanduë en injures contre moi ; ils ont dit ; enfin , enfin nos yeux voient (sa perte).

℣. 22. Seigneur , vous le voyez ; ne demeurez point dans le silence: Seigneur , ne vous éloignez point de moi.

℣. 23. Réveillez-vous, levez-vous pour me faire rendre justice: mon Dieu, mon Seigneur , prenez la défense de ma cause.

℣. 24. Seigneur mon Dieu , jugez - moi selon votre justice : que je ne sois point un sujet de joie

℣. 20. *Quoniam mihi (* a *) quidem pacificè loquebantur; & in (b) iracundiâ terræ loquentes dolos cogitabant.*

21. *Et dilataverunt super me os suum : dixerunt: euge , euge , viderunt oculi nostri.*

℣. 22. *Vidisti Domine ; ne (c) sileas : Domine, ne discedas à me.*

℣. 23. *Exurge (d), & intende judicio meo: Deus meus, & Dominus meus in causam meam.*

℣. 24. *Judica me secundum justitiam meam , Domine, Deus meus ; &*

(a) *Heb.* non pacem אל non , pro לי mihi.

(b) *Heb.* contra quietos, mansuetos , tranquillos, humiles terræ.

(c) vel surdum te præbeas [precibus meis.]

(d) *Heb.* Evigila , & expergiscere.

A iiij

non supergaudeant mihi.

à mes ennemis.

℣. 25. *Non dicant in cordibus suis; euge, euge animæ nostræ; nec dicant, devoravimus eum.*

℣. 25. Qu'ils ne disent point dans leur cœur : ah ! nos souhaits sont acomplis : qu'ils ne disent point, nous l'avons dévoré.

℣. 26. *Erubescant & revereantur simul, qui gratulantur malis meis, induantur confusione & reverentiâ, qui magna loquuntur super me.*

℣. 26. Que tous ceux qui se réjoüissent de mes maux, soient couverts de honte & d'oprobre ; que ceux qui parlent insolenment contre moi, soient acablés de confusion & d'ignominie.

℣. 27. *Exultent & lætentur qui volunt justitiam meam : & dicant semper, magnificetur Dominus, qui volunt * pacem servi ejus.*

℣. 27. Que ceux qui s'intéressent à la justice de ma cause, soient dans l'allégresse & dans la joie, & qu'ils disent toujours : louez le Seigneur, qui a bien voulu donner la paix à son serviteur.

℣. 28. *Et lingua mea meditabitur justitiam tuam, totâ die laudem tuam.*

℣. 28. Ma langue publiera votre justice : & célébrera vos loüanges durant tout le jour.

---

* *Cui complacuit pax servi ejus.*

OCASION ET SUJET DU PSEAUME.

DAVID a composé ce Pseaume dans le tems qu'errant dans les déserts, il étoit le plus vivement poursuivi par Saül à la tête de ses troupes, & que ses calomniateurs le déchiroient avec le plus de malice. C'est contre ces deux sortes d'ennemis, aussi violens qu'artificieux, qu'il implore avec instance le secours de Dieu ; & ce sont ces deux objets qui font la matiere & le partage de ce Cantique.

Dans l'impuissance où le Prophéte se trouve de soutenir les éforts de ce Prince jaloux & irrité, & d'éviter ses piéges; il conjure le Seigneur de le rassurer par le sentiment intime de sa présence, & de s'armer de tout son pouvoir pour combattre ses ennemis, & pour les faire tomber eux-mêmes dans les piéges,& dans la ruine qu'ils lui ont préparée sans sujet.   *I. PARTIE.* ℣. 1-8.

Il proteste qu'il ne donnera la gloire d'une délivrance si miraculeuse, qu'à la seule protection de son Dieu, également compatissant & fort, pour arracher le foible de l'opression des puissans.   ℣. 9. 10.

II. Partie. Le Prophéte emploie le reste du Pseaume, à se plaindre de ses calomniateurs, qui ne cessoient de le charger de faux crimes, afin de le perdre dans l'esprit de Saül.

‡. 11-14. Pour faire sentir plus fortement leur injustice, il compare sa conduite à la leur. Il s'intéressoit à toutes leurs peines avec la tendresse d'un ami, d'un frere, d'un fils. La tristesse qui pénétroit son cœur, se montroit dans tout son extérieur. Leurs moindres maladies l'alarmoient, & il en demandoit instamment à Dieu la guérison dans le sac, & par le jeûne.

‡. 15. 16. Mais ils n'ont répondu à ces démonstrations d'amitié, que par la plus noire ingratitude. Aussi-tôt qu'ils m'ont vû près de tomber en disgrace, ils en ont triomphé de joie. Ils ont conspiré ensemble pour me porter secretement des coups. Ils ont passé des railleries aux outrages.

‡. 17-27. Dans cette triste situation, David prie le Seigneur d'avoir pitié de sa foiblesse, & de ses dangers : de ne plus diférer sa justification, en confondant la malice & la fureur de ses envieux ; & de remplir de joie ceux qui s'intéressent à son innocence, en lui rendant par un coup d'éclat, la vie, la liberté, & la paix.

Il finit en promettant de lui en rendre fans ceffe de folemnelles actions de graces.

Ce Pfeaume eft un excélent modéle de priéres pour toutes les perfonnes preffées par les plus vives tentations, foit intérieures, foit extérieures. Il aprend avec quelle ferveur il faut implorer le fecours,& avec quelle confiance on doit l'atendre : combien l'on doit comter fur la puiffance, fur la compaffion, fur la bonté de Dieu dans les plus grands dangers : que l'injuftice, la perfidie, l'ingratitude des hommes ne doivent, ni nous étonner, ni nous décourager : que l'épreuve fera certainement fuivie de la victoire, dont une profonde paix, & une joie parfaite, feront le fruit, & qui doit être la matiere d'une perpétuelle reconnoiffance.

PSEAUME XXXVI.

℣. 1. *Psalmus* (a) *ipsi David. Noli* (b) *æmulari in malignantibus : neque zelaveris facientes iniquitatem.*

℣. 2. *Quoniam tanquam fœnum velociter arescent* (c)*, & quemadmodùm olera herbarum citò decident.*

℣. 3. *Spera in Domino & fac bonitatem : & inhabita terram, & pasceris* (d) *in divitiis ejus.*

℣. 4. *Delectare*

℣. 1. [P Seaume] de David. * Ne vous fâchez point du bonheur des méchans, & ne portez point d'envie à ceux qui commettent l'iniquité.

℣. 2. Car ils seront bien-tôt coupés comme le foin, & ils sécheront comme l'herbe verte.

℣. 3. Mettez votre espérance dans le Seigneur, & faites le bien; & vous demeurerez sur la terre, & vous vous nourrirez des biens [qu'elle vous fournira] fidélement.

℣. 4. Mettez (votre

(a) *Heb.* Davidis.
* N'ayez point de mouvemens d'indignation contre les méchans.
(b) *Heb.* Ne te iratum facias.
(c) ימלו succidentur, marescent.
(d) *Heb.* & pascere veritate.

joie) vos délices dans le Seigneur; & il vous acordera les demandes de votre cœur.

℣. 5. Jettez tous vos foins dans le fein du Seigneur : repofez-vous - en fur lui ; & il fera lui-même [ce qu'il faut] ou : ce fera lui-même qui agira.

℣. 6. Il fera (éclater) paroître votre juftice comme la lumiere, & votre innocence comme le foleil en fon midi.

℣. 7. Tenez-vous en filence devant le Seigneur, & atendez-le.

Ne vous fâchez point contre celui, à qui tout fuccéde heureufement : contre l'homme qui réüffit dans fes defleins injuftes.

in Domino ; & dabit tibi petitiones cordis tui.

℣. 5. Revela (ᵃ) Domino viam tuam & fpera in eo , & ipfe faciet.

℣. 6. Et educet quafi lumen juftitiam tuam , & judicium tuum tanquam meridiem.

℣. 7. (ᵇ) Subditus efto Domino, & ora (ᶜ) eum.

Noli (ᵈ) æmulari in eo , qui profperatur in viâ fuâ: in homine faciente injuftitias (ᵉ).

___

(ᵃ) *Heb.* Devolve in Dominum. *Déchargez-vous de votre conduite fur le Seigneur.*

(ᵇ) *Heb.* Sile.

(ᶜ) *Heb.* Expecta התחולל de חול. LXX, quafi ab הלה.

(ᵈ) *Heb.* Ne te iratum facias, ut primo verfu.

(ᵉ) *Heb* pravas cogitationes, perverfa confilia.

♏. 8. *Desine ab irâ, & derelinque furorem: noli (*a*) æmulari (*b*) ut maligneris.*

♏. 8. Apaisez votre indignation, n'ayez point d'aigreur : ne vous livrez point à la colere , au moins à celle qui vous porteroit à mal faire.

♏. 9. *Quoniam qui malignantur , exterminabuntur ; suſtinentes autem Dominum , ipſi hereditabunt terram.*

♏. 9. Car les méchans seront exterminés : mais ceux qui atendent le Seigneur , recevront la terre pour héritage.

♏. 10. *Et adhuc puſillum , & non erit peccator ; & quæres locum ejus , & non invenies.*

♏. 10. [Atendez] encore un peu de tems , & le méchant ne sera plus ; vous chercherez le lieu où il étoit , & vous ne le trouverez plus.

♏. 11. *Manſueti autem hereditabunt terram : & delectabuntur in multitudine pacis.*

♏. 11. Mais les humbles recevront la terre pour leur héritage ; & ils trouveront leurs délices dans une profonde paix.

♏. 12. *Obſervabit (*c*) peccator juſtum ; & ſtridebit ſuper eum dentibus ſuis.*

♏. 12. Le méchant formera de funeſtes deſſeins contre le juſte ; & il grincera les dents contre lui.

(a) *Heb.* Ne te iratum facias.

(b) *Heb.* Ad faciendum malè.

(c) זמם Machinatur , ſceleratè cogitans eſt.

13. Mais le Seigneur se rit de ses desseins, parce qu'il voit que le jour [de sa ruine] est proche.

℣. 14. Les méchans ont tiré leur épée, ils ont bandé leur arc pour faire périr le foible & le pauvre, pour percer ceux dont la conduite est droite.

℣. 15. Que leur propre épée entre dans leur cœur, & que leur arc soit brisé.

℣. 16. Le juste est plus heureux avec le peu qu'il posséde, que tous les méchans avec leurs grands biens.

℣. 17. Car les bras des méchans seront brisés : mais le Seigneur soutient les justes.

℣. 18. Le Seigneur veille* sur les jours de

* *Lett.* Connoît les jours.

℣. 13. *Dominus autem irridebit eum; quoniam prospicit quod veniet dies ejus.*

℣. 14. *Gladium evaginaverunt peccatores, intenderunt arcum suum;*

Ut dejiciant pauperem & inopem : ut trucident rectos corde.

℣. 15. *Gladius eorum intret in corda ipsorum ; & arcus eorum confringatur.*

℣. 16. *Melius est modicum justo, super divitias peccatorum multas.*

℣. 17. *Quoniam brachia peccatorum conterentur ; confirmat autem justos Dominus.*

℣. 18. *Novit Dominus dies im-*

maculatorum ; & hereditas eorum in æternum erit.

℣. 19. Non confundentur in tempore malo , & in diebus famis saturabuntur.

℣. 20. Quia peccatores peribunt.

Inimici verò Domini ([a]) *mox ut honorificati fuerint & exaltati ; deficientes, quemadmodum fumus deficient.*

℣. 21. Mutuabitur peccator , & non solvet : justus autem miseretur, & tribuet.

ceux qui sont purs & sans tache : & leur héritage sera éternel.

℣. 19. Ils ne seront point trompés ni confondus dans le mauvais tems, & ils seront rassasiés dans les jours de famine.

℣. 20. Mais les méchans périront.

Les ennemis du Seigneur seront consumés comme * les graisses des victimes ; ils disparoîtront comme la fumée.

(ou, LXX,) Les ennemis du Seigneur, après avoir été élevés en honneur & en gloire, seront exterminés : ils disparoîtront comme la fumée.

℣. 21. Le méchant emprunte, & ne rend point: mais le juste † fait la charité, & donne le sien.

---

* *Lett.* Ce qu'il y a de plus exquis dans les agneaux.

([a]) כיקר כרים כלו *Sicut pretiosa agnorum consumentur. LXX, autem* legerunt כיקר *secundùm honorare &* כרים *secundùm elevare.*

† *Ou :* est charitable, & libéral.

℣. 24.

℣. 22. Ceux que [Dieu] bénit, posséderont la terre; & ceux qu'il maudit, en seront exterminés.

℣. 23. Le Seigneur conduit les pas de l'homme, & se plaît à favoriser ses démarches.

℣. 24. Si le juste tombe, il ne se brisera point; parce que le Seigneur le soutient de sa main.

℣. 25. J'ai été jeune, & je suis vieux; & je n'ai point vû encore de juste abandonné, ni ses enfans mandier leur pain.

℣. 26. Il donne, & prête tous les jours; & sa postérité sera en bénédiction.

℣. 27. Détournez-vous du mal, & faites le

℣. 22. *Quia benedicentes* (ᵃ) *ei, hereditabunt terram: maledicentes* (ᵇ) *autem ei disperibunt.*

℣. 23. *Apud Dominum gressus hominis dirigentur: & viam ejus volet.*

℣. 24. *Cùm ceciderit non collidetur: quia Dominus supponit manum suam.*

℣. 25. *Junior fui, etenim senui : & non vidi justum derelictum, nec semen ejus quærens panem.*

℣. 26. *Tota die miseretur & commodat: & semen illius in benedictione erit.*

℣. 27. *Declina à malo, & fac bo-*

_____

(ᵃ) *Heb.* benedicti ejus, *id est,* ab co.

(ᵇ) Maledicti ejus, *seu,* ab co.

num : & inhabita in ſaculum ſaculi.

℣. 28. *Quia Dominus amat judicium, & non derelinquet ſanctos ſuos : in aternum conſervabuntur.*

Injuſti (a) *punientur, & ſemen impiorum peribit.*

℣. 29. *Juſti autem hereditabunt terram, & inhabitabunt in ſaculum ſaculi super eam.*

℣. 30. *Os juſti meditabitur ſapientiam : & lingua ejus loquetur judicium.*

℣. 31. *Lex Dei ejus in corde ipſius, & non ſupplantabuntur greſſus ejus.*

℣. 32. *Conſiderat peccator juſtum,*

---

bien : & vous aurez une demeure éternelle.

℣. 28. Car le Seigneur aime la juſtice, & n'abandonnera point ſes Saints; ils ſeront conſervés éternellement.

La poſtérité des injuſtes ſera détruite.

℣. 29. Mais les juſtes habiteront la terre, & la poſſéderont à jamais.

℣. 30. La bouche du juſte s'ocupera de la ſageſſe, & ſa langue anoncera la juſtice.

℣. 31. La loi de ſon Dieu eſt dans ſon cœur : & ſes piés ne ſeront point chancelans.

℣. 32. Le méchant obſerve le juſte, & cher-

(a) *Injuſti punientur;* ces deux mots ne ſont pas dans l'Hébreu, mais le Grec & la Vulgate les ont.

che l'ocafion de le per-
dre.

℣. 33. Mais le Seigneur
ne l'abandonnera point
entre fes mains, & ne le
condamnera point, lorf-
qu'on le jugera.

℣. 34. Atendez le Sei-
gneur, & demeurez fer-
me dans fa voie; & il
vous élevera en gloire,
pour vous faire poſſéder
la terre : vos yeux ver-
ront la deſtruction des
méchans.

℣. 35. J'ai vû l'impie
(rendu) formidable, &
s'étendant de tous côtés,
comme (un arbre) dans
ſon fond naturel, qui é-
tend ſes branches char-
gées de verdure.

℣. 36. J'ai paſſé, & il

& quærit mortifi-
care eum.

℣. 33. Dominus
autem non derelin-
quet eum in mani-
bus ejus : nec dam-
nabit eum , cùm ju-
dicabitur illi.

℣. 34. Expecta
Dominum , & cuf-
todi viam ejus , &
exaltabit te , ut he-
reditate capias ter-
ram : cùm perie-
rint peccatores, vi-
debis.

℣. 35. Vidi im-
pium fuperexalta-
tum (a) ; & ele-
vatum (b) ficut (c)
cedrus Libani (d).

℣. 36. Et (e)

(a) עָרִיץ Formidabi-
lem, fortem : Sic Cald.

(b) Heb. Effundentem
ſe , dilatantem ſe.

(c) Heb. כָּאֶזְרָח ficut
indigenam. Septuaginta
tranſpoſitâ unâ litterâ, le-

gerunt כָּאֶרֶז ficut ce-
drum.

(d) רַעֲנָן virentem.

(e) Heb. Tranſibit. Sed
LXX & S. Hier. lege-
runt in primâ perſonâ.

B ij

transivi, & ecce non erat : & quæsivi eum, & non est inventus (a) locus ejus.

n'étoit plus ; je l'ai cherché, & je ne l'ai pû trouver.

℣. 37. Custodi innocentiam, & vide æquitatem quoniam sunt (b) reliquia homini pacifico.

℣. 37. Jétez les yeux sur l'innocent, & considérez le juste ; & vous trouverez que sa fin sera le bonheur & la paix.

℣. 38. Injusti autem disperibunt simul : reliquia impiorum interibunt.

℣. 38. Les pécheurs au contraire , seront tous détruits : la fin des méchans sera une ruine & une désolation entiere.

℣. 39. Salus autem justorum à Domino : & protector (c) eorum in tempore tribulationis.

℣. 39. Le salut des justes vient du Seigneur, & il est leur force dans le tems de l'afliction.

40. Et adjuvabit eos Dominus, & liberabit eos; & eruet eos à peccatoribus , & salvabit eos, quia speraverunt in eo.

℣. 40. Le Seigneur les secourera, & les délivrera : il les délivrera des mains des méchans , & il les sauvera parce qu'ils ont espéré en lui.

(a) *Locus ejus* , n'est pas dans l'Hébreu.

(b) *S. Jer.* quia erit ad extremum viro pax.

(c) *Heb.* robur.

Les verſets en Hébreu commencent
de deux en deux , par les lettres de
l'Alphabet. La même méthode a été ob-
ſervée dans d'autres Pſeaumes, afin de
les rendre plus faciles à retenir dans
la mémoire.

SUJET DU PSEAUME.

Il eſt tout moral. Le Prophéte y en-
treprend de lever le ſcandale de la
proſpérité des méchans , qui ébranle
ſouvent la foi & la vertu des gens de
bien ; & qui eſt capable de les porter
à douter de la Providence divine , &
à ſe laiſſer entraîner par l'éxemple des
impies.

Il avertit les Juſtes, que cette proſpérité n'eſt point digne de leur envie,
ni de leur recherche , puiſqu'elle n'a
rien de ſolide ni de permanent. Dans
le tems que les injuſtes ſont élevés au
plus haut dégré de puiſſance , de
richeſſes, & de gloire , & qu'ils s'y
croïent afermis pour toujours ; Dieu
frape de malédiction toute leur vaine
grandeur, & les fait diſparoître avec
leur poſtérité , ſans laiſſer de traces de
toute leur fauſſe félicité.

Le Prophéte aſſure au contraire les

juſtes & les humbles, que Dieu ſera
toujours atentif à ſatisfaire leurs déſirs,
à bénir toutes leurs entrepriſes, à leur
donner des établiſſemens ſolides, à les
préſerver avec leur poſtérité des cala-
mités publiques, à les faire triompher
de leurs ennemis, à prolonger leurs
jours, à mettre leur vertu en honneur ;
& à leur faire goûter toutes les dou-
ceurs d'une profonde paix. Il ſera en
tout tems leur ſalut & leur force, leur
conducteur & leur ſoutien. Enfin, une
vie ſi divinement protégée, ſe termi-
nera par un bonheur inaltérable ; &
un héritage éternel en ſera la récom-
penſe.

De la comparaiſon de ce double ta-
bleau, le Prophéte prend ocaſion d'ex-
horter les gens de bien à mettre toute
leur confiance en Dieu, comme en
l'unique ſource de la félicité de l'homme ; à atendre patienment ſon ſecours
& les éfets de ſes promeſſes ; à demeurer fermes dans la pratique de la vertu ; à méditer ſans ceſſe la ſageſſe de la
conduite que Dieu tient ſur les hommes ; & à porter ſa loi ſi profondé-
ment gravée dans le cœur, qu'elle
éclate au dehors par toutes leurs paroles, & par toutes leurs actions.

Il eſt évident que tout ce Pſeaume

n'a de vérité, qu'autant qu'il supose une
vie future. Si le Prophéte se bornoit
à celle-ci, l'expérience de tous les siécles le démentiroit ; & il ne diroit rien
qui pût véritablement consoler les justes, ni intimider les pécheurs. La plûpart des Saints de l'Ancien Testament,
& les Martyrs du Nouveau, n'ont point
joüi des avantages qui sont ici promis
à leur fidélité ; & il est constant que
plusieurs de leurs persécuteurs ont con-
servé jusqu'au dernier soupir toute leur
grandeur & toute leur félicité, sans
éprouver aucun des revers dont le S.
Esprit les menace. Il est donc néces-
saire, pour conserver à la Prophétie
toute sa certitude, d'en diférer le parfait acomplissement jusqu'au siécle à
venir ; où la récompense préparée à la
piété des uns, & les châtimens destinés à l'impiété des autres, auront tous
les caractéres que le Prophéte leur
donne.

On voit par cet éxemple, & par beaucoup d'autres, que les anciens justes
ne se bornoient pas à la terre, & qu'ils
portoient leur espérance sur les biens
éternels, quoiqu'ils les couvrissent sous
les images des biens temporels.

PSEAUME XXXVII.

℣. 1. *Psalmus David (ᵃ) in rememorationem de Sabbato.*

℣. 2. *Domine, ne in furore tuo arguas me : neque in irâ tuâ corripias me.*

℣. 3. *Quoniam sagittæ tuæ infixæ (ᵇ) sunt mihi : & confirmasti (ᶜ) super me manum tuam.*

℣. 4. *Non est sanitas in carne mea à facie iræ tuæ : non est pax ossibus meis à facie peccatorum meorum.*

℣. 5. *Quoniam iniquitates meæ su-*

℣. 1. Pseaume de David, pour servir d'un éternel monument.

℣. 2. Seigneur, ne me reprenez pas dans votre fureur : & ne me châtiez pas dans votre colere.

℣. 3. Car vos flêches ont fait en moi de profondes plaïes, & votre main s'est apésantie sur moi.

℣. 4. Votre colere ne laisse rien de sain dans ma chair : la vûë de mes péchés, ne laisse point de repos ni de paix dans mes os.

℣. 5. Mes iniquités [comme des flots] cou-

(ᵃ) *Heb.* להזכיר Ad commemorandum. abest, de Sabbato.

(ᵇ) *Heb.* Demissæ sunt,

de נחת, descendit.

(ᶜ) *Du même verbe,* descendit.

pergreſſæ ſunt caput meum : & ſicut onus grave gravata ſunt ſuper me.

vrent * ma tête : elles m'acablent comme un peſant fardeau qui eſt au-deſſus de mes forces.

℣. 6. *Putruerunt & (ᵃ) corrupta ſunt cicatrices meæ, à facie inſipientiæ meæ:*

℣. 6. La pourriture & la corruption s'eſt for-mée dans mes plaïes, † à cauſe de ma folie.

℣. 7. *Miſer (ᵇ) factus ſum, & cur-vatus ſum uſque (ᶜ) in finem : totâ die contriſtatus ingrediebar.*

℣. 7. Je ſuis tout cour-bé & tout abatu : je mar-che tout le jour avec un viſage triſte.

℣. 8. *Quoniam lumbi (ᵈ) mei im-pleti ſunt illuſioni-bus (ᵉ) : & non eſt ſa-nitas in carne mea.*

℣. 8. Je ſens dans mes flancs une ardeur qui me brûle, & je n'ai plus au-cune partie ſaine dans mon corps.

---

* Surpaſſent, ſurmon-tent.

(ᵃ) *Hebr.* Contabue-runt livores mei.

† *Ou* : à la vûë de mes plaïes.

(ᵇ) *Hebr.* בעויתי, diſ-tortus, curvus, obliquus ; *de* בעוה עוה *au Niphal.* Sic Chald.

(ᶜ) *Hebr.* vehementer.

(ᵈ) Ilia. Hebr. & Aquila.

(ᵉ) Chald. Ardore pro-priè, vilitate, opprobrio. Hiet. ignominiâ, ſic & Aquila. Septuaginta ἰμ-παιγμάτων, illuſionibus Sic. & Symm. id eſt, apud me cogito me omni-bus eſſe ludibrio.

℣. 9. *Afflictus* (a) *sum, & humiliatus* (b) *sum nimis : rugiebam à gemitu cordis mei.*

℣. 9. Je suis tout languissant & tout brisé ; & mon cœur pousse des sanglots & des rugissemens.

℣. 10. *Domine, ante te omne desiderium meum: & gemitus meus à te non est absconditus.*

℣. 10. Seigneur, tous mes désirs sont [exposés] à vos yeux : *ou,* vous sont connus, *ou,* présens : & le gémissement de mon ame ne vous est point caché.

℣. 11. *Cor meum* (c) *conturbatum est, dereliquit me virtus mea, & lumen oculorum meorum, &* (d) *ipsum non est mecum.*

℣. 11. Mon cœur est agité de trouble, ma force m'abandonne : la lumiere de mes yeux [me quitte], & elle n'est plus avec moi.

℣. 12. *Amici mei & proximi mei* (e) *adversum*

℣. 12. Mes amis & mes proches, à la vûë de mes plaïes, se sont retirés de

---

(a) *Hebr.* Debilitatus sum à בּרה, debilitari, remissum esse.

(b) contritus.

(c) *Hebr.* Circumit, gyrat.

(d) *Et ipsum.* LXX, Lat. Hier. Vat. referunt ad lumen. Sed Hebr. Chald. De

Muis, referunt ad oculos. Id est, non solùm lumen oculorum me destituit ; sed ipsis etiam oculis orbatus mihi videor.

(e) *Hebr.* ex adverso plagæ meæ steterunt. Sic Sym. id est, procul à plagâ meâ stant ; sive veri-

moi : ceux qui m'étoient le plus atachés, se sont éloignés de moi :

℣. 13. Et ceux qui cherchent à m'ôter la vie, me tendent des piéges.

Ceux qui cherchent ma ruine, ne s'entretiennent que des maux (qu'ils me préparent), & concertent sans cesse de funestes desseins.

℣. 14. Mais je suis à leur égard comme un sourd qui n'entend point, & comme un muet qui n'ouvre pas la bouche.

℣. 15. Je suis devenu comme un homme qui n'écoute point, & qui n'a point dans sa bouche dequoi répliquer.

℣. 16. Mais j'ai mis toute ma ressource en

me appropinquaverunt & steterunt.

Et qui juxta me erant de longe steterunt : ℣. 13. Et (ᵃ) vim faciebant qui quærebant animam meam.

Et qui inquirebant mala mihi locuti sunt vanitates (ᵇ) : & dolos totâ die meditabantur.

℣. 14. Ego autem tanquam surdus non audiebam : & sicut mutus non aperiens os suum.

℣. 15. Et factus sum sicut homo non audiens : & non habens in ore suo redargutiones.

℣. 16. Quoniam in te, Domine, spe-

---

ti contagia morbi ; sive me parvi pendentes ; sive non sustinentes conspectum miseriæ meæ. Septuaginta legerunt נגעי,

tetigerunt, pro נגבי.

(ᵃ) illaqueant.

(ᵇ) Hebr. ærumnas, pravitates.

ravi, tu (a) *exaudies* (b) *me, Domine Deus meus.*

vous, mon Seigneur & mon Dieu : c'eſt vous qui répondrez pour moi.

℣. 17. *Quia dixi; nequando ſuper gaudeant mihi inimici mei : & dum commoventur pedes mei, ſuper me magna locuti ſunt.*

℣. 17. Je vous ai dit ; que je ne ſois point un ſujet de joïe à mes ennemis : ils ont déja parlé inſolenment contre moi, lorſqu'ils ont vû mes piés ébranlés.

℣. 18. *Quoniam ego* (c) *in flagella paratus ſum : & dolor meus in conſpectu meo ſemper.*

℣. 18. Je ſuis préparé au châtiment, & ma douleur eſt toujours préſente devant mes yeux.

℣. 19. *Quoniam iniquitatem meam annuntiabo: &* (d) *cogitabo pro peccato meo.*

℣. 19. Je reconnois publiquement mon iniquité : & mes ofenſes me tiennent dans une agitation continuelle.

℣. 20. *Inimici autem mei vivunt, &*

℣. 20. Cependant mes ennemis ſont pleins de

(a) תענה De Muis, reſpondebis, nempè inimicis meis pro me, re & facto. Sed dubio locus eſt, nam ענה hoc ſenſu nunquam legitur uſurpatum, ſed *exaudies.*

(b) *me* : Abeſt in Hebr. & Græco.

(c) לצלע ad claudicationem, à coſtâ & latere, in quod claudus inclinat. Chald. Symm. *ad calamitatem.* Hier. *ad plagas.*

(d) *Hebr.* ſolicitus, anxius ero. *Chald.* dolebo.

vie : leur puiſſance s'a-croît, & le nombre de ceux qui me haïſſent in-juſtement, s'augmente tous les jours.

℣. 21. Ceux qui ren-dent le mal pour le bien, me combatent : parce que je * ſuis la juſtice.

℣. 22. Seigneur, ne m'abandonnez pas : mon Dieu, ne vous éloignez pas de moi.

℣. 23. Hâtez-vous de me ſecourir, vous qui êtes mon Dieu, mon Sau-veur.

confirmati ſunt (a) ſuper me : & mul-tiplicati ſunt qui oderunt me iniquè.

℣. 21. Qui re-tribuunt mala pro bonis, detrahebant mihi : quoniam ſe-quebar bonitatem (b).

℣. 22. Ne dere-linquas me, Domi-ne Deus meus : ne diſceſſeris à me.

℣. 23. Intende in adjutorium meum : Domine (c) Deus ſalutis meæ.

(a) ſuper me, abeſt in Hebræo.

* parce que je m'atache au bien.

(b) Hebr. bonum.

(c) Hebr. Domine, ſa-lus mea. Nam אלהי non eſt in regimine.

TITRE DU PSEAUME XXXVII.

L'Hébreu porte לחזכיר *ad commemorandum*, & selon la Vulgate, *in rememorationem*, c'est-à-dire, *pour faire souvenir*. Il paroît que David a destiné ce Pseaume à servir de monument éternel de son crime, de sa punition & de son repentir. Les Septante, & la plûpart des Peres Grecs & Latins ajoutent *de Sabbato*, *du Sabbat;* parce que l'usage de la Synagogue réservoit la récitation publique de ce Cantique au saint jour du Sabbat.

OCASION DU PSEAUME.

Ce Pseaume, qui est un des sept de la Pénitence, a beaucoup de conformité avec le trente & un, dont il sera utile de relire l'Explication, pour entrer plus facilement dans l'intelligence de celui-ci. David a composé l'un & l'autre à l'ocasion d'une grande maladie, dont Dieu l'avoit afligé, en punition de son double crime d'adultere & d'homicide , qui en renfermoit beaucoup d'autres. Mais il y a cette diférence, que le trente-septiéme con-

tient la description de cette acablante
maladie, avec une priere ardente pour
en être délivré, & que le trente & un
est le Cantique d'action de graces après
en avoir été guéri.

SUJET DU PSEAUME.

Le Prophéte acablé de la multitude ℣. 1-9.
& de l'énormité de ses crimes, con-
sent que Dieu le punisse, mais avec
la bonté d'un pere, & non avec la sévérité d'un Juge. Il le conjure de lui
épargner ces douleurs aiguës, ces agitations & ces troubles, dont la violence & la continuité épuiseroient sa
patience.

Ce n'est point aux hommes qu'il ℣. 10-19.
cherche à découvrir ses peines cuisantes, puisqu'ils y ont ajouté une nouvelle amertume; ses proches, en l'a-
bandonnant, & ses ennemis en con-
certant les moyens de le perdre. Il
proteste qu'il n'a oposé à leur mauvaise volonté, que le silence & la douceur;
& qu'il a remis à Dieu seul, qui connoît les motifs de ses gémissemens, le
soin de le défendre & de le justifier:
parce qu'étant convaincu, que ses péchés sont la cause unique de ses diférentes aflictions, il embrasse avec em-

preſſement toutes ces nouvelles peines , comme autant de moyens que
Dieu lui fournit, pour achever d'expier ſes fautes.

℣. 20-21.   Afin d'atirer la compaſſion de Dieu
ſur lui , il compare ſon état & ſes diſpoſitions à celles de ſes ennemis. Ils
ſont pleins de ſanté & de vie : ils ſe
fortifient & ſe multiplient tous les
jours : ils païent ſes bienfaits d'ingratitude : ils ne lui veulent du mal , que
parce que l'eſtime qu'il fait de la vertu , les condamne; & qu'il s'opoſe à
des paſſions dont ils eſperent l'impunité , s'il venoit à mourir.

℣. 22-23.   Il finit , en ſupliant le Seigneur de
leur prouver par une prompte guéri-
ſon , qu'il ne l'a pas abandonné , comme ils s'en flatent ; & qu'il continuë
d'être toujours *ſon Sauveur & ſon Dieu.*

Ce Pſeaume ofre une excélente priere aux véritables pénitens , qui regardent leurs infirmités & leurs ſoufran-
ces, comme juſtement méritées par leurs
péchez ; & qui , ſaiſis de la crainte des
jugemens de Dieu , en demandent inſ-
tanment le pardon.

PSEAUME XXXIX.

℣. 1. AU chef des Chantres, Pseaume de David.

℣. 2. J'atends le Seigneur, & je ne me lasserai pas de l'atendre ; il s'abaissera enfin vers moi ;

℣. 3. Et il entendra mes cris.

Il me tirera du précipice afreux, & du profond abîme de bouë (où je vais descendre.)

Il m'élévera sur une haute roche : il afermira mes pas.

℣. 4. Il me mettra en la bouche un nouveau Cantique : un Cantique de loüange pour notre Dieu.

Plusieurs en seront té-

℣. 1. IN finem, Psalmus ipsi David.

℣. 2. Expectans expectavi Dominum : & (a) intendit mihi.

℣. 3. Et exaudivit preces meas : & eduxit me de lacu (b) miseriæ, & de luto (c) facis.

Et statuit supra petram pedes meos, & direxit gressus meos.

℣. 4. Et immisit in os meum Canticum novum : Carmen Deo nostro.

Videbunt multi

(a) *Hebr.* inclinavit, supple, *se.*
(b) *Hebr.* de fossa stre-

pitus, id est, profunda.
(c) luto cæni, id est, luto multo, denso.

& timebunt : & sperabunt in Domino.

℣. 5. *Beatus vir cujus (a) est nomen Domini spes ejus: & non respexit in vanitates (b) & insanias (c) falsas.*

℣. 6. *Multa fecisti tu Domine Deus meus mirabilia tua : & cogitationibus (d) tuis non est qui similis sit tibi.*

Annuntiavi & locutus sum: multiplicati sunt super (e) numerum.

moins, & craindront le Seigneur : ils espéreront en lui.

℣. 5. Heureux celui qui met son espérance au Seigneur : qui ne tourne point ses yeux vers ceux que leur puissance enfle d'orgüeil, & qui s'atachent au mensonge.

℣. 6. Seigneur mon Dieu, les merveilles que vous avez faites sont innombrables. Qui pouroit repasser devant vous les desseins de votre bonté sur nous ?

Si j'entreprens de les anoncer & d'en parler, le nombre en est si grand, que j'en suis acablé.

(a) *H. br.* qui posuit Dominum spem suam. LXX legerunt שם nomen, pro שם posuit.

(b) *Hebr.* ad superbos & fortes, nempè opem ab eis expectans. LXX, acceperunt substantivè.

(c) *Hebr.* declinantes mendacii, id est, deflectentes ad mendacium, sectatores mendacii.

LXX, pro שטי legerunt שטי ex Chald. שטה insanivit, stultè egit.

(d) *Hebr.* & cogitationes tuas ergà nos nemo est qui possit ordinare tibi, id est, apud te ordine exponere, recensere.

(e) *Hebr* præenumerare: quàm ut enumerari possint.

℣. 7. Vous n'avez point voulu de victime, ni d'ofrande : mais vous m'avez formé des oreilles [dociles.]

Vous n'avez point demandé d'holocauſte, ni d'hoſtie pour le péché. ℣. 8. Alors j'ai dit : me voici.

Je viens ſelon qu'il eſt écrit de moi dans toute la ſuite * du livre : *ou*, au commencement du livre.

℣. 9. Pour faire votre volonté : j'y conſens avec joie, ô mon Dieu. Votre loi [eſt gravée] dans le plus intime de mon cœur.

10. J'ai anoncé votre juſtice dans une grande

℣. 7. *Sacrificium & oblationem noluiſti : aures (ᵃ) autem (ᵇ) perfeciſti mihi.*

Holocauſtum & pro peccato non poſtulaſti : ℣. 8. *Tunc dixi : ecce venio.*

In capite (ᶜ) libri ſcriptum eſt de me.

℣. 9. *Ut facerem voluntatem tuam : Deus meus volui, & legem tuam in medio (ᵈ) cordis mei.*

℣. 10. *Annuntiavi juſtitiam tuam*

(ᵃ) LXX. corpus.

(ᵇ) *Hebr* כרית, fodiſti. Sic Aq. Hier. Chald. id eſt, aures mihi feciſti cavas, ut te audirem : aures meas finxiſti, & aptaſti ad tui obſequium. Sym. præparaſti. LXX, Theod. v. & vi. edit. perfeciſti.

(ᶜ) *Hebr.* in volumine libri. Sic & Hier. & Aq. in tomo libri.

* *Lett.* dans le volume du livre.

(ᵈ) *Hebr.* viſcerum. Sic & Sym. ſed Aq. Theod. Hier. vertunt ventris mei, ſed cordis melius.

in Ecclesia magna:
ecce labia mea non
prohibebo ; Domi-
ne , tu scisti.

℣. 11. Justitiam
tuam non abscondi
in corde meo : ve-
ritatem & salutare
tuum dixi.

Non abscondi mi-
sericordiam tuam ,
& veritatem tuam
à concilio multo.

℣. 12. Tu autem, Domine , ne
longè facias mise-
rationes tuas à me :
misericordia tua &
veritas tua sem-
per (a) susceperunt
me.

℣. 13. Quoniam
(b) circumdederunt
me mala , quorum
non est numerus :
comprehenderunt

assemblée : je n'ai point
tenu ma bouche fermée;
Seigneur , vous le sça-
vez.

℣. 11. Je n'ai point
retenu votre justice dans
le secret de mon cœur :
j'ai publié votre vérité
& le salut que vous don-
nez.

Je n'ai point (célé)
caché votre miséricorde
& votre vérité (dans)
à une grande assemblée.

℣. 12. Ne me fermez
pas, Seigneur, le sein de
votre bonté : que votre
miséricorde & votre vé-
rité me gardent toujours.

℣. 13. Des maux sans
nombre sont venus fon-
dre sur moi : mes iniqui-
tés m'ont envelopé de
toutes parts ; & je ne puis

(a) Hebr. de נצר , ser-
vavit, protexit.
(b) Hebr. cum furore
aggressa sunt suprà me ,
id est, capiti meo impen-
dent.

en soutenir la vuë : (ou, elles m'empêchent de lever les yeux.)

Elles paſſent le nombre des cheveux de ma tête ; & mon cœur en eſt tombé en défaillance.

℣. 14. Que votre bonté, Seigneur, vous porte à me délivrer : hâtez-vous, Seigneur, de me ſecourir.

℣. 15. Que ceux qui cherchent à m'ôter la vie, ſoient tous enſemble couverts de confuſion & de honte.

Que ceux qui mettent leur joie à me faire du mal, ſoient contraints de retourner en arriere ; & qu'ils ſoient livrés à l'ignominie.

℣. 16. Que ceux qui

---

me iniquitates meæ, & non potui ut viderem.

Multiplicatæ ſunt ſuper capillos capitis mei : & cor meum dereliquit me.

℣. 14. Complaceat tibi, Domine, ut eruas me : Domine, ad adjuvandum me reſpice.

℣. 15. Confundantur & revereantur ſimul qui quærunt animam meam ; ut auferant (ᵃ) eam.

Convertantur retrorſum, & revereantur, qui volunt mihi mala.

℣. 16. Ferant (ᵇ)

(ᵃ) *Hebr.* ad perdendam eam. à סוף, finiit, conſumpſit, perdidit.

(ᵇ) *Hebr.* deſolentur pro mercede pudoris ſui : id eſt, quo ipſi me cogitant afficere. Septuaginta legerunt : ישאו על עקב ferant ad calcaneum, ad veſtigium, id eſt, tandem, denique.

disent (en insultant à mes maux), réjoüissons-nous, réjoüissons - nous , tombent enfin dans la désolation , en punition de la honte dont ils m'ont couvert.

℣.17. Que tous ceux qui vous cherchent, soient remplis d'allégresse, & se réjoüissent en vous : Que tous ceux qui s'intéressent à*la protection éclatante que vous me donnerez en me sauvant , disent sans cesse : Que le Seigneur soit glorifié.

℣. 18. Pour moi je suis pauvre & abandonné ; mais le Seigneur prendra soin de moi.

Vous êtes mon défenseur & mon libérateur : mon Dieu , ne diférez point [à me secourir.]

confestim confusionem suam , qui dicunt mihi, euge, euge.

℣. 17. *Exultent & lætentur super te omnes quærentes te : & dicant semper: magnificetur Dominus , qui diligunt salutare tuum.*

℣. 18. *Ego autem mendicus sum, & pauper : Dominus (ª) sollicitus est mei.*

Adjutor meus , & protector meus es tu : Deus meus ne tardaveris.

---

* *à la lettre*, au salut que vous donnez.

(ª) *Hebr.* cogitabit mihi.

SUJET DU PSEAUME.

℣. 1. Au chef des Chantres, Pseaume de David. | ℣. 1. *In finem Psalmus ipsi David.*

Ce Pseaume ne peut avoir ni David, ni aucun pur homme pour objet.

1°. Celui qui y parle assure, que puisque toutes les oblations & les hosties n'ont pû apaiser la colére de Dieu, ni éfacer les péchés des hommes, il va faire enfin lui seul ce que tous les sacrifices réïtérés presque à l'infini depuis l'origine du monde, n'ont pû éxécuter. Qui pourra soupçonner David, ce Prophéte si humble & si saint, d'avoir eu assez de présomption pour se préférer à toutes les victimes que Dieu avoit lui-même ordonnées?

2°. Celui qui s'explique dans ce Pseaume, proteste qu'il ne vient que pour être réellement immolé comme les autres hosties avoient coutume de l'être. Mais quand David a-t-il été ofert en sacrifice? Quand a-t-il répandu son sang?

3°. Celui dont il s'agit ici déclare, selon saint Paul, qu'il va abolir les sacrifices de la loi, *quæ secundùm legem offeruntur*, pour en établir un autre qui en prenne la place : *aufert primum, ut sequens statuat.* Or David, bien loin d'abolir les sacrifices de la loi, en a continué l'usage avec plus de zéle qu'aucun des Rois d'Israël : & depuis lui, cette partie du culte public a subsisté sans ateinte.

L'évidence seule des termes sufiroit pour nous conduire à JESUS-CHRIST ; mais l'autorité de saint Paul ne permet pas de l'y méconnoître, après l'aplication qu'il lui en a faite dans son propre & véritable sens. L'Apôtre regarde ce Pseaume comme renfermant la base de l'établissement de la Religion chrétienne. Il le produit comme un principe incontestable sur lequel il apuie deux vérités capitales : La premiere est l'abolition de tous les sacrifices de la loi, comme inutiles aux besoins de l'homme, comme indignes de Dieu, comme incapables de lui plaire ; & de cette abolition, il conclut celle du Sacerdoce d'Aaron, de la Loi de Moyse, & de tout le culte Judaïque, qui sont inséparablement liés à l'oblation des sacrifices. La seconde vérité, est la substitution de l'unique victime de la Loi nouvelle, dans la personne de JESUS-CHRIST,

CHRIST, qui remplit toutes les figures, qui acomplit toutes les promesses,
& qui réünit la diversité de tous les sacrifices.

En vain prétendroit-on n'atribuer
à JESUS-CHRIST, que les deux versets
du Pseaume que l'Apôtre en cite, &
apliquer le reste à un autre. Il est clair
que c'est la même personne qui parle
sans interruption dans tout ce Cantique ; & que de vouloir y en introduire
deux, ce seroit faire violence au Texte, & renverser toutes les régles, du
langage.

Ce Cantique doit être infiniment
précieux à la piété des fidéles. Ils y
trouvent les sentimens secrets, dont
JESUS-CHRIST a été pénétré pour eux
dans sa Passion. Ils y lisent la priére
qu'il a faite sur la croix, dans le
tems, qu'abandonné des siens, exposé
aux insultes de ses ennemis, délaissé
par son Pere, brisé sous le poids des
crimes du monde, il se voioit prêt
d'être englouti par la mort, & de descendre dans le goufre afreux, que la
vengeance divine a préparé aux cou-
bles.

Il y a une grande ressemblance entre ce Pseaume & le vingt-uniéme,
dont il sera bon de consulter l'Expli-

cation , afin d'en emprunter ce qui manquera dans celui-ci , où les mêmes vérités ne feront montrées qu'en peu de mots. Pour en bien prendre l'efprit , & pour prévenir quelques dificultés que des expreffions fortes pouroient faire naître , il fufira d'être atentif aux deux Obfervations fuivantes.

PREMIERE OBSERVATION. Quoique l'humanité fainte n'ait jamais éxifté un moment fans être unie au Verbe, & fans être , par une fuite néceffaire , impeccable , & fouverainement heureufe : néanmoins , en ne fe confidérant que par ce qu'elle eft de fon propre fond ; elle croit devoir s'humilier d'autant plus devant la Majefté fuprème , qu'elle en a plus reçû. Elle ne peut oublier qu'elle n'a été élevée à cette dignité incompréhenfible , que par une miféricorde toute gratuite , qui a prévenu tous fes mérites , & même tous fes défirs. Elle fe plaît à defcendre d'autant plus bas , que la magnificence de Dieu l'a fait monter plus haut ; & à regarder du comble de fa grandeur , le profond abîme dont elle a été préfervée ; elle ne veut pas mettre de bornes à fa reconnoiffance & à fon humilité , puifque Dieu n'en a pas mis à fes bienfaits.

SECONDE OBSERVATION. JESUS-
CHRIST aïant été établi le chef de
tous les Prédestinés, que son Pere lui
a confiés pour en répondre en son
nom, il sent que les obligations de
ses membres sont devenuës les sien-
nes : qu'il doit à Dieu tout ce qu'ils
doivent : qu'il doit prier, pleurer,
trembler, s'anéantir pour eux : qu'il
est chargé de leur pénitence, de leurs
châtimens, de leurs crimes; & qu'il doit
en tout parler & agir comme ils le
devroient faire eux-mêmes.

EXPLICATION DU PSEAUME.

℣. 2. J'atends le Seigneur ; & je ne me lasserai pas de l'atendre.

℣. 2. *Expectans expectavi Dominum, & intendit mihi.*

℣. 3. Il s'abaisse-ra enfin vers moi ; & il entendra mes cris.

℣. 3. *Et exaudivit preces meas.*

Quel modéle, quelle instruction ce
divin Maître donne à tous ses Disciples du haut de sa croix ! Quelle instance dans la priere ! Quelle patience
dans un déluge de maux ! Quelle persévérance dans l'atente du secours !
Quel sentiment de son indignité ! Il

eſt lui-même le Tout-puiſſant , la ſource de tout bien , le Seigneur qui fait
grace , & qui éxauce. Il demande
néanmoins comme s'il ne pouvoit rien:
il atend comme s'il dépendoit de la
bonté d'un autre : Il ofre en tremblant
une humble priére , comme ſi elle pouvoit être rejétée.

Et educet me de lacu miſeriæ, & de luto fæcis.	Il me tirera du précipice afreux , & du profond abîme (où je vais deſcendre.)

Il joint une ferme confiance à une
profonde humilité. Puiſque les décrets
irrévocables de ſon Pere l'ordonnent,
il conſent à devenir la proïe de la
mort, à ſubir l'ignominie du tombeau,
à ſe laiſſer dévorer par le dragon , à
deſcendre dans les horreurs des pri-
ſons infernales. Mais il eſt plein d'aſſurance, que la corruption du ſépul-
cre n'altérera pas une chair , que la divinité a conſacrée : Qu'il arêtera les
douleurs de l'enfer , & en rompra les
portes : Qu'il briſera l'éguillon de la
mort , qui a oſé le comprendre dans le
nombre des coupables : Qu'après avoir
vaincu le fort armé dans le centre de
ſon Empire , il lui enlévera les captifs

dont il aura païé la rançon, & qu'il les associera à sa nouvelle vie, à sa liberté, & à sa victoire.

Il m'élévera sur une haute roche. Il afermira mes pas.	*Et statuit suprà petram pedes meos, & direxit gressus meos.*

Il ne peut douter que son Pere, pour récompense de son humble obéissance, ne dissipe bien-tôt par une éclatante résurrection, tous les nuages dont sa foiblesse & son silence ont couvert sa mission divine : Qu'il ne l'éléve en puissance & en gloire, à proportion qu'il s'est abaissé pour lui plaire ; & qu'après les agitations & les contradictions de cette vie mortelle, il ne le fasse entrer dans un repos immuable, en le plaçant à sa droite, & en donnant à son Eglise la fermeté d'un roc, que ni le monde, ni l'enfer, ne pourront ébranler.

℣. 4. Il me mettra dans la bouche un nouveau Cantique, un Cantique de loüanges pour notre Dieu.	℣. 4. *Et immisit in os meum Canticum novum, Carmen Deo nostro.*

Après un si heureux changement

on n'entendra plus les gémissemens des captifs, ni les plaintes des criminels condannés à un suplice éternel. Leurs larmes & leurs sanglots seront convertis en cris de joïe, en actions de graces, en cantiques de loüanges, dont une miséricorde inespérée, donnera sans cesse une nouvelle matiere, & au Libérateur, & à sa troupe afranchie.

Videbunt multi, & timebunt; & sperabunt in Domino.	Plusieurs en seront témoins, & craindront le Seigneur : ils espéreront en lui.
℣. 5. *Beatus vir cujus est nomen Domini spes ejus; & non respexit in vanitates, & insanias falsas.*	℣. 5. Heureux celui qui met son espérance au Seigneur : qui ne tourne point ses yeux vers ceux que leur puissance enfle d'orgüeil, & qui s'atachent au mensonge.

Cette gloire, dont la patience de JESUS-CHRIST sera couronnée, deviendra un puissant motif, pour afermir ses membres au milieu des tribulations de cette vie; pour soutenir les Martyrs, pour les remplir de joïe, pour enle-

ver leur cœur au Ciel avec leur efpérance.

Ce fpectacle frapera les Juifs & les
Gentils. Il aprendra aux uns à ne plus
compter fur les ombres d'un culte figu-
ratif , fur les œuvres de la Loi, fur
des purifications extérieures , fur une
fauffe juftice , fur les vaines traditions
de leurs Docteurs. Il détrompera les
autres de la vanité des idoles , d'une
vénération impie pour des Divinités
pleines de vices & de crimes , des fu-
perftitions ridicules & facriléges , de
la fauffeté de leurs Oracles, de la diffolution de leurs Myftéres, des prefti-
ges du démon , & de tout l'éclat trom-
peur du Paganifme.

Il enfeignera aux uns & aux autres
par fon Evangile à ne s'apuïer déformais, que fur la miféricorde du Tout-
puiffant : à n'atendre leur juftice ,
leur force , leur gloire que de lui feul :
à ne trouver heureux que ceux qui
s'y fient pleinement : & à ne ceffer
d'être faifis d'étonnement & de frayeur,
à la vûë de l'abîme de corruption &
de mifére, d'où une grace inefpérée
les a retirés.

| ℣. 6. *Mulla* | ℣. 6. Seigneur |
| *fecifti tu Domine* | mon Dieu, les mer- |

Deus meus, mira-bilia tua : & cogi-tationibus tuis non eſt qui ſimilis ſit tibi.

veilles que vous avez faites ſont innombrables. Qui pourroit repaſſer devant vous les deſſeins de votre bonté ſur nous ?

Annuntiavi & locutus ſum : mul-tiplicati ſunt ſuper numerum.

Si j'entreprens de les anoncer [aux hommes] & d'en parler, le nombre en eſt ſi grand, que j'en ſuis acablé.

JESUS-CHRIST moins ocupé de l'ex-cès des douleurs qu'il endure, que de l'ouvrage du ſalut des hommes, paſſe des fruits de ſa Paſſion aux merveilles qui y ont préparé, & qui en étoient les gages & les figures. Il ne peut aſ-ſez loüer une Providence qui a veillé ſur le genre humain depuis le com-mencement du monde, qui a mis un ordre admirable dans la diſpenſation de ſes faveurs par la vocation des Pa-triarches, par le choix d'un peuple dé-poſitaire de toutes les vérités ſalutai-res, par la publication de la Loi, par l'inſtitution du culte public, par la ſucceſſion des Prophétes, & des con-ducteurs divins. Il trouve le nombre & la grandeur de ces bienfaits au-deſſus

sus de touté expreſſion, & de toute reconnoiſſance. L'économie de ce grand
ouvrage le ravit d'étonnement. Il ne
ſçauroit aſſez admirer la ſageſſe du
plan, le choix des moïens, la pro-
fondeur des myſtéres qui paſſent toute
intelligence créée, & auſquels les Anges même n'ont pû ateindre par leurs
conjectures.

| ℣. 7. Vous n'avez point voulu de victime ni d'ofrande, mais vous m'avez formé des oreilles. | ℣. 7. *Sacrificium & oblationem noluiſti : aures * autem perfeciſti mihi.* |
| Vous n'avez point demandé d'holocauſte, ni d'hoſtie pour le péché. | *Holocautomata & pro peccato non poſtulaſti.* |

* Le Texte original porte, *aures autem per-
foraſti mihi,* vous m'avez percé les oreilles.

Pluſieurs Interprétes penſent que le
Prophéte fait alluſion à la Loi, qui or-
donnoit que, ſi l'eſclave Hébreu refu-
ſe de profiter de la liberté que la ſep-
tiéme année lui acorde, le Maître, au
ſervice duquel il conſent de reſter, lui
percera l'oreille d'une aléne, en l'a-
pliquant à ſa porte, pour marquer qu'il
demeure pour toujours ataché à ſa mai-

Exod. XXI, 2, 3, 4. Deut. XV. 12.

fon. Ils concluënt de cet ufage, que JESUS-CHRIST difant à fon Pere : *Vous m'avez percé les oreilles*, protefte hautement, qu'il eft fon efclave fans retour.

Les LXX faifant moins d'atention à cette coutume des Juifs, qu'à la conformation naturelle des oreilles, qui par des finuofités concaves, percées l'une dans l'autre, portent le fon jufqu'au cerveau, ont traduit, ainfi que la Vulgate : *Vous m'avez formé des oreilles* ; τὰ ὠτία κατηρτίσω μοι; comme fi JESUS-CHRIST remercioit fon Pere de lui avoir donné les organes de l'oüie pour écouter fes ordres, & pour s'y foumettre par une pleine obéiffance.

Saint Paul, entrant dans la penfée des LXX, & jugeant qu'un homme ne peut avoir reçû des oreilles fans avoir un corps, fupofe qu'une partie n'a été nommée que pour défigner le tout ; & afin de donner plus d'étenduë, & plus de clarté à la verfion des LXX, fans s'éloigner de leur penfée, il fuplée ce qui manque à leur expreffion, en fubftituant le mot de corps à celui d'oreilles, & en difant : *Vous m'avez formé un corps* : σῶμα δὲ κατηρτίσω μοι.

℣. 7. Vous n'avez point voulu de victime, ni d'ofrande : mais vous m'avez formé des oreilles. Vous n'avez point demandé d'holocauste ni de victime pour le péché.

℣. 7. *Sacrificium & oblationem noluisti ; aures autem perfecisti mihi. Holocaustum & pro peccato non postulasti.*

℣. 8. Alors j'ai dit : me voici : Il est écrit de moi dans * toute la suite du livre : (ou, à la tête du livre,)

℣. 8. *Tunc dixi : Ecce venio. In capite libri scriptum est de me.*

℣. 9. Que je ferai votre volonté. J'y consens avec joïe, ô mon Dieu. Votre Loi est (gravée) dans le fond de mon cœur.

℣. 9. *Ut facerem voluntatem tuam : Deus meus volui, & Legem tuam in medio cordis mei.*

* à la lettre : *dans le volume du livre.*

Mais toutes ces anciennes merveilles, ces promesses, ces figures ne remédioient point aux véritables besoins de l'homme, & ne faisoient que lui montrer de grandes ressources, sans les lui pouvoir procurer. Il avoit perdu la justice, en ofençant son Créateur ; & elles n'étoient pas capables de la lui rendre. Il étoit sous l'anathême,

& elles n'avoient aucun moïen dele
lever : Une colére inéxorable l'avoit
bannie du féjour de la félicité, & elles étoient dans l'impuiffance de l'y
rétablir. Les ofrandes des fruits de
la terre, pris dans les biens mêmes de
fon Maître, ne pouvoient aquiter des
dettes fpirituelles & éternelles : & le
fang des bêtes répandu fans ceffe, n'a-
voit pas la vertu de pénétrer jufques
dans les confciences pour en éfacer
les péchez.

La juftice divine éxigeoit une victime digne d'elle, & d'un prix infini,
qui, par fon obéïffance jufqu'à la mort,
pût expier la défobéïffance d'Adam,
portée jufqu'au mépris de la mort. Dès
le premier inftant de l'Incarnation,
l'ame de JESUS-CHRIST a accepté avec
une charité fans bornes pour fes freres, le décret qui le condamnoit à ex-
pirer pour eux fur une croix. Il n'a
cru avoir reçu un corps que pour l'im-
moler. Il n'a ceffé de s'ofrir à fon
Pere avec un défir ardent d'acomplir
fa volonté, comme il eft écrit dès le
premier Chapitre de la Genefe ; & il
n'a refufé aucune des circonftances les
plus humiliantes & les plus doulou-
reufes, marquées dans la fuite de tous
les Prophétes.

℣. 10. J'ai anoncé votre justice dans une grande assemblée. Je n'ai point tenu ma bouche fermée : Seigneur, vous le sçavez.

℣. 11. Je n'ai point retenu votre justice dans le secret de mon cœur. J'ai publié votre vérité & le salut que vous donnez. Je n'ai point célé votre miséricorde & votre vérité dans une grande assemblée.

℣. 10. *Annuntiavi justitiam tuam in ecclesia magna: Ecce labia non prohibebo ; Domine, tu scisti.*

℣. 11. *Justitiam tuam non abscondi in corde meo : veritatem & salutare tuum dixi. Non abscondi misericordiam tuam & veritatem tuam ; à concilia multo.*

JESUS-CHRIST n'a pas borné sa mission à expier le péché du monde. Il s'est encore chargé de l'éclairer & de le réformer. Quoiqu'il sçût que sa prédication le conduiroit à sa Passion, & le rendroit le premier martyr de sa doctrine, aucun motif n'a pû lui faire suprimer, adoucir, dissimuler les véritez qui irritoient des ennemis puissans, jaloux, pleins d'orgüeil. Il a condamné avec autorité l'hypocrisie des Pharisiens, les fausses interprétations des Docteurs de la Loi , les vaines Traditions des Anciens. Devant le Peuple , devant Pilate , dans le Temple , dans l'Assemblée des Pontifes & des premiers Magistrats de la Nation , il a rendu un témoignage éclatant à la Divinité de son ministére , quoiqu'il dût lui en coûter la vie. Il n'a cessé d'instruire les hommes de la grandeur des promesses & des menaces de Dieu , de la sévérité de ses jugemens , de la gratuité de sa miséricorde , qui est la cause du salut , & de la justice intérieure qui la mérite.

℣. 12. *Tu autem , Domine , ne longè facias misericordias tuas à me : misericordia tua & veritas tua semper susceperunt me.*

℣. 12. Ne me fermez pas , Seigneur, le sein de votre bonté : que votre miséricorde & votre bonté me gardent toujours.

℣. 13. *Quoniam circumdederunt me mala , quorum non est numerus : comprehenderunt me iniquitates meæ , & non potui ut viderem. Multiplica-*

℣. 13. Des maux sans nombre sont venus fondre sur moi : mes iniquités m'ont envelopé de toutes parts , & je ne puis en soutenir la vûë : Elles passent

le nombre des che-
veux de ma tête ; &
mon cœur est tom-
bé en défaillance.

℣. 14. Que votre
bonté , Seigneur ,
vous porte à me dé-
livrer ; hâtez-vous ,
Seigneur , de me
secourir.

*ta sunt super ca-
pillos capitis mei :
& cor meum de-
reliquit me.*

*℣. 14. Compla-
ceat tibi , Domine,
ut eruas me : Do-
mine, ad adjuvan-
dum me respice.*

JESUS-CHRIST retourne de la prédication de son Evangile à sa Passion ,
qui en a été le salaire. Comme il s'est
montré fidéle à anoncer aux hommes
la justice & la miséricorde de son Pere , il le conjure de ne pas diférer à
lui donner , comme il a toujours fait ,
des marques de l'une & de l'autre ,
par une victoire parfaite sur la mort ,
& par la gloire d'une prompte résurrection. Il sent la multitude & l'énormité des péchés de tous les hommes ,
dont le poids l'acable , & dont la vûë
seule l'épouvante , & le jéte dans la
défaillance. Il reconnoît , que des châtimens sans nombre & sans mesure ,
sont dûs à des crimes afreux & innombrables. Il regarde toutes ces iniquités comme lui étant propres & per-
sonnelles : il s'en avouë la caution &

la victime. Il confesse que le pécheur , dont il tient la place sur la
croix, mérite d'y être laissé dans les
tourmens, sans consolation, sans ressource ; & d'éprouver un abandon éternel. Mais il prie son Pere de se hâter
d'accepter son sacrifice , en finissant
ses douleurs : de faire en sa personne
grace à ceux qu'il représente ; & d'é-
couter sa miséricorde infinie qui peut
pardonner aux coupables , sans nuire
aux droits de sa justice.

℣. 15. *Confun-*
dantur & reve-
reantur simul qui
quærunt animam
meam , ut aufe-
rant eam. Conver
tantur retrorsum ,
& revereantur; qui
volunt mihi mala.

℣. 15. Que ceux
qui cherchent à m'ô-
ter la vie, soient tous
ensemble couverts
de confusion & de
honte. Que ceux
qui mettent leur joïe
à me faire du mal,
soient contraints de
retourner en arrie-
re , & qu'ils* soient
livrés à l'ignominie.

℣. 16. *Ferant*
confestim confusio-
nem suam; qui di-
cunt mihi : Euge ,
euge.

℣. 16. Que pour
récompense de la
confusion dont ils
m'ont couvert , ils
soient livrés à une
entiere désolation.

eux qui me difent
avec joïe & avec in-
fulte : Le voilà, le
voilà perdu.

Que ceux, ô mon Pere, qui font
altérés de mon fang, qui crient avec
fureur : *ôtez-le du monde, ôtez-le, cru-
cifiez-le* ; qui fe réjoüiffent entre eux
du fuccès de leurs mauvais deffeins,
& qui croïent m'avoir vaincu, & s'ê-
tre défait de moi pour toujours ; qu'ils
aïent la honte de voir tous leurs
projets tout d'un coup renverfés :
qu'ils aprennent avec confternation la
nouvelle de ma Réfurrection, ateftée
par les Soldats commis à la garde de
mon Sépulcre, prouvée par les miracles de mes Difciples, & crue par tous
les Peuples : qu'ils perdent à jamais le
fruit de leur crime ; qu'ils en foient
punis par la deftruction de leur Temple & de leur Ville ; par la défolation
de leur païs, par une difperfion générale : Qu'ils en portent l'oprobre & la
malédiction devant toutes les Nations,
avec leur poftérité qu'ils ont foumife
au même anathême.

℣. 17. Que tous | ℣. 17. *Exultent*
ceux qui vous cher- | *& lætentur fuper*

...e omnes quæren-
tes te : & dicant
semper ; magnifi
cetur Dominus ,
qui diligunt salu-
tare tuum.

chent soient pleins
d'alégresse, & se ré-
joüissent en vous :
Que tous ceux qui
s'intéressent à la pro-
tection éclatante
que vous me don-
nerez en me sau-
vant , disent sans
cesse : Que le Sei-
gneur soit glorifié.

℣. 18. *Ego au-
tem mendicus sum
& pauper : Domi-
nus sollicitus est
mei. Adjutor &
susceptor meus es
tu : Deus meus, ne
tardaveris.*

℣. 18. Pour moi
je suis pauvre & a-
bandonné : mais le
Seigneur prendra
soin de moi. Vous
êtes mon réfuge &
mon libérateur :
mon Dieu, ne difé-
rez point à me se-
courir.

Au contraire, que ceux qui cherchent à vous plaire , ô mon Pere, qui
s'atendrissent sur mes maux , & en dé-
sirent la fin ; qui s'intéressent à ma gloire, & s'unissent à mes espérances ;
soient remplis d'une joïe inéfable :
qu'ils ne trouvent rien de plus grand,
de plus admirable que vous ; rien de
plus digne de leurs loüanges , de leur

adoration, & de leur reconnoissance, en repassant tout ce que vous avez fait pour votre Fils & votre Christ : qu'ils n'aïent jamais de consolation plus douce, que de penser à une bonté si magnifique dans ses promesses, & si fidéle dans leur acomplissement ; & qu'ils espérent pour eux-mêmes les merveilles & les graces, que vous aurez prodiguées pour moi. Mais cette consolation & cette joïe des membres, dépendent de la délivrance & de la victoire de leur Chef. Ils ne peuvent être heureux & libres, qu'après moi, & que par moi. Pendant qu'ils me verront exposé nû sur la croix, dans le dépoüillement de toutes choses, livré à la discrétion de mes ennemis, & acablé de votre colere, leur foi sera flotante & sans vie. Hâtez-vous de me sauver, afin de ranimer leur espérance, & de la rendre immobile en l'apüiant sur ma Résurrection.

PSEAUME XL.

℣. 1. *IN finem, Pfalmus ipfi David.*

℣. 1. POur le premier des Chantres, Pfeaume de David.

℣. 2. *Beatus qui intelligit fuper egenum & pauperem (ᵃ) : in die mala liberabit (ᵇ) eum Dominus.*

℣. 2. Heureux celui qui eft atentif & intelligent (fur les befoins) du pauvre ! Que le Seigneur le délivre au jour de l'afliction.

℣. 3. *Dominus confervet eum, & vivificet eum, & beatum (ᶜ) faciat eum in terrâ : & non tradat eum in animam inimicorum ejus.*

℣. 3. Que le Seigneur foit atentif fur lui, qu'il lui conferve la vie : qu'il le rende heureux fur la terre ; & qu'il ne l'abandonne pas à la volonté (difcrétion) de fes ennemis.

℣. 4. *Dominus opem ferat illi fuper lectum doloris*

℣. 4. Que le Seigneur le foutienne, lorfque la douleur le réduira au lit :

(ᵃ) Ce mot n'eft pas dans l'Hébreu.

(ᵇ) Il vaut mieux mettre à l'optatif tous ces verbes.

(ᶜ) Hebr. *beatus reddatur*, au pual. Les LXX l'ont lû au piel, *felicem reddat*. Le Chald. traduit dé même, & il fe lie mieux avec ce qui précéde.

oüi, mon Dieu, vous re-muërez vous-même tout son lit dans sa maladie.

℣. 5. Je vous disois, Seigneur, aïez pitié de moi: rendez-moi la santé, quoique j'aïe péché contre vous: *ou*, guérissez mon ame, car j'ai péché contre vous.

℣. 6. Mes ennemis faisoient des imprécations contre moi: quand mourra-t-il? Et quand sa mémoire périra-t-elle?

℣. 7. Lorsque quelqu'un me venoit voir, il me parloit avec des paroles trompeuses: mais son cœur se remplissoit de mille pensées injustes, qu'il faisoit éclater par ses discours, aussi-tôt qu'il étoit sorti.

℣. 8. Tous ceux qui me haïssent, s'entretenoient secretement entre eux contre moi. Ils

ejus : universum stratum ejus versasti in infirmitate ejus.

℣. 5. *Ego dixi, Domine, miserere mei : sana animam meam, quia (*ᵃ*) peccavi tibi.*

℣. 6. *Inimici mei dixerunt mala mihi : Quando morietur, & peribit nomen ejus?*

℣. 7. *Et si ingrediebatur ut videret, vana (*ᵇ*) loquebatur : cor ejus congregavit iniquitatem sibi. Egrediebatur foras, & loquebatur*

℣. 8. *in idipsum. Adversum me susurrabant omnes inimici mei : adversum me cogita-*

(ᵃ) כי signifie aussi *essi, quamvis.*

(ᵇ) *falsa.*

bant mala mihi.

℣. 9. Verbum (a) *iniquum constitue-runt adversum me: numquid* (b) *qui dormit, non adji-ciet ut resurgat?*

℣. 10. Etenim (c) *homo pacis meæ, in quo spera-vi: qui edebat pa-nes meos, magnifi-cavit super me sup-plantationem.*

℣. 11. Tu au-tem, Domine, mi-serere mei, & (d) *resuscita me: & retribuam eis.*

℣. 12. In hoc cognovi, quoniam (e) *voluisti me:*

formoient contre moi de mauvais desseins.

℣. 9. (Ils disoient :) il est ataqué d'un mal dé-sespéré : il est au lit (de la mort :) Il ne s'en re-lévera pas.

℣. 10. Celui-là même qui m'étoit intimement uni, à qui j'avois donné ma confiance; & qui man-geoit à * ma table, a levé insolenment (avec inso-lence)le pied contre moi.

℣. 11. Mais vous, Sei-gneur, aïez pitié de moi: relévez-moi, *ou*, ressusci-tez-moi; & je leur ren-drai ce qui leur est dû.

℣. 12. C'est à cette marque que je connoî-trai que vous avez de la

---

(a) Hebr. *res belial arctè adhæsit ei.* Mais les LXX ont lû יציגו בי . constitue-runt mihi, de יצג cons-tituit, au lieu de יצוק ; ils ont aussi lû בי pour בו, le Chald. a comme les LXX.

(b) L'Hébreu est sans interrogation : *qui decum-bit non adjiciet...*

(c) *Hebr.* Quinctiam.

* *Lettre*, mon pain.

(d) הקימני.

(e) delectaris in me, bonam voluntatem habet ergà me.

bonne volonté pour moi, si je ne suis point un sujet de joïe à mes ennemis.

℣. 13. Vous me soutiendrez à cause de mon innocence, & vous m'affermirez en votre présence pour jamais.

℣. 14. Que le Seigneur le Dieu d'Israël soit béni dans tous les siécles. Amen. Amen.

quoniam non gaudebit inimicus meus super me.

℣. 13. Me autem propter innocentiam suscepisti (ª): & confirmasti (ᵇ) me in conspectu tuo in æternum.

℣. 14. Benedictus Dominus Deus Israel à sæculo, & usque in sæculum: fiat, fiat.

(ª) sustentabis, sustinebis.

(ᵇ) Hebr. stare facies, constitues.

OCASION DU PSEAUME.

David a fait ce Pseaume, dans le tems qu'il commençoit à relever d'une grande maladie, qu'il regardoit comme un juste châtiment de son adultére, & qui a déja fourni la matiére aux Pseaumes XXXI, & XXXVII.

Ce qui lui rendit cette maladie plus acablante, fut d'apercevoir par la désertion de ses plus fidéles serviteurs, & par l'aliénation générale des esprits, combien les semences de la conspiration sécrette, que Dieu permettoit qui se forma contre lui, devenoit de jour en jour plus puissante ; surtout depuis qu'Achitophel, son premier Ministre, l'eut abandonné pour suivre Absalom, & qu'il fut devenu l'ame & le mobile de cette cabale. En éfet, Absalom avoit réüssi à s'atacher par ses artifices plusieurs Oficiers de la Cour, & de l'armée ; lesquels désirant un changement dans l'Etat, pour satisfaire plus impunément leurs diférentes passions, souhaitoient de voir régner, à la place d'un Roi plein d'équité, de sagesse & de piété, un jeune Prince sans vertu & sans expérience,

rience , qu'ils comtoient gouverner à
leur gré ; & tourner felon les vûës de
leurs intérêts & de leur ambition.

SUJET DU PSEAUME.

Le Prophéte , touché de reconnoif- ℣. 2-4,
fance pour les foins que des amis fidéles ont pris de lui durant fa maladie , fait à Dieu des vœux pour atirer fon atention & fa bonté fur eux
dans une pareille fituation.

D'un autre côté , il fe plaint à Dieu ℣. 6-10.
de la perfidie de ceux qu'il s'étoit atachés par fes bienfaits ; & qui , dans le
tems qu'ils témoignoient une fauffe
compaffion pour fes maux , fe réjoüif-
foient de fa mort prochaine ; & concertoient en fecret des projets perni-
cieux contre l'Etat & contre fa per-
fonne. Mais ce qui le bleffoit le plus
vivement , c'étoit de voir qu'Achitophel , fon plus intime confident , s'é-
toit mis à la tête de la conjuration.

Néanmoins la défertion de fes amis, ℣. 5. 11-
& la confpiration de fes ennemis, ne 14.
lui avoient point fait perdre la confiance en Dieu. Il le fuplie de ne point
tromper fon atente ; d'achever de rendre fa guérifon parfaite , & de l'afermir fur le trône , où il l'a lui-même

Tome V.   E

placé : afin que cette marque publique de sa bonté justifie son gouvernement des fausses imputations dont on
le chargeoit, confonde la joïe maligne
de ses ennemis, le mette en état de
les traiter selon leur mérite ; & devienne pour lui, & pour tout le Peuple de Dieu, un motif commun , &
une matiére éternelle de bénir la miféricorde & la puissance du Dieu d'Israël.

SECOND SENS.

La Passion de Notre Seigneur est
encore la matiere de ce Pseaume, comme elle l'est du précédent. C'est le jugement qu'en portent les Peres de l'E-
glise ; & sur-tout S. Ambroise, S. Jérôme, S. Augustin , & S. Chrysostôme.
Ce dernier va jusqu'à déclarer, que ce
seroit une témérité de lui donner un
autre objet, puisqu'on ne peut douter
que ce ne soit JESUS-CHRIST qui parle
dans tout ce Cantique , après que lui-
même s'en est fait l'aplication , pour
précautionner ses Apôtres contre le
scandale de la trahison de Judas, &
pour les avertir que ce perfide ne faisoit qu'acomplir les Ecritures , en
commettant un crime qu'elles avoient

prédit. « Je ne dis pas ceci de vous « Jean, XIII.
tous; je sais qui sont ceux que j'ai choi- « 18.
sis: mais il faut que cette parole de l'E- «
criture soit acomplie: celui qui mange «
mon pain, lévera le pied contre moi ».

En éfet, JESUS-CHRIST, comtant
pour rien l'acomplissement qu'avoit
eu cette parole par raport à David,
se regarde comme l'unique objet de
cette Prophétie.

Il y prend, comme partout ailleurs, ℣. 1-5.
la qualité de pauvre, quoique tout
soit à lui; & il s'avouë pécheur, quoiqu'il soit le juste par excélence. Il
promet à ceux qui s'ocuperont de ses
soufrances, de les consoler par la patience; de les délivrer de leurs peines, & de leur donner par la Résurrection une félicité sans fin.

Il décrit les démarches meurtriéres ℣. 6-9.
des Pharisiens & des Prêtres, qui ne
lui faisoient des questions que pour
le surprendre, & pour le rendre odieux
& criminel; & qui concertoient dans
un grand sécret les moïens les plus
sûrs de le perdre.

Ils comtoient d'autant plus sur le ℣. 10.
succès de leur entreprise, qu'ils avoient
gagné celui de ses Apôtres qui portoit
les marques distinguées de la confiance, qui avoit part à tous ses sécrets, qui

étoit admis à sa table comme un ami
intime, & à ses plus saints Mystéres
comme un Disciple fidéle; & qui, malgré
les bienfaits & les honneurs qu'il avoit
reçûs de son Maître, s'étoit ofert d'ê-
tre le conducteur de ceux qui devoient
l'arrêter, & de le leur livrer par le
symbole le plus sacré de l'amitié.

℣. 5. &   Mais JESUS-CHRIST demande en
11-13.   grace à son Pere de le tirer de la mort,
pour confondre ses ennemis en justi-
fiant son innocence; de prouver par
la gloire de sa Résurrection, qu'il est
son Fils bien-aimé, & l'objet de sa
complaisance; & de l'afermir sur un
trône éternel, d'où il fasse sentir à ses
sujets ingrats & rébéles, par la rigueur
des ses justes châtimens, qu'il est leur
Roi & leur Juge.

℣. 14.   Après une victoire si éclatante, remportée sur la mort & sur ses ennemis,
il ne restera plus au Chef & aux membres, au Libérateur & au peuple afran-
chi, que d'en rendre à Dieu gloire,
bénédiction, actions de graces dans
tous les siécles des siécles.

Il faut bien observer que sans l'a-
plication que JESUS-CHRIST s'est faite
de cette Prophétie, on n'auroit vû
dans ce Pseaume que la maladie de
David, & la trahison de ses sujets. On

en doit conclure, 1°. que Jesus-
Christ est caché dans beaucoup
d'autres Prophéties, quoique nous
aïons de la peine à l'y découvrir,
comme dans les Pseaumes XXXI,
XXXVII & LIV, qui sont semblables à celui-ci. 2°. Que Jesus-Christ
est le principal objet des Ecritures,
& que les actions, les épreuves, les
persécutions des hommes célèbres de
l'Ancien Testament, étoient des figures de ce qui lui devoit arriver.

PSEAUME XLI.

℣. 1. *IN finem, intellectus* (a) *filiis Core.*

℣. 1. PSeaume plein d'inftruction, qui doit être chanté par le premier des Chantres de la famille de Coré.

℣. 2. *Quemadmodum defiderat* (b) *cervus ad fontes aquarum : ita defiderat anima mea ad te Deus.*

℣. 2. Comme la biche foupire avec ardeur après les eaux des torrens : ainfi mon ame foupire après vous, ó mon Dieu.

℣. 3. *Sitivit anima mea ad Deum fortem, vivum : quando veniam, & apparebo ante faciem Dei?*

℣. 3. Mon ame brûle d'une foif ardente pour le Dieu fort, le Dieu vivant. Quand irai-je me préfenter devant lui ? Quand verrai-je fon vifage ?

℣. 4. *Fuerunt mihi lacrymæ meæ panes die ac noſte : dum dicitur mihi quotidie, ubi eſt Deus tuus ?*

℣. 4. Mes larmes font devenuës mon pain jour & nuit : *ou :* mes larmes me tiennent lieu de nourriture le jour & la nuit : pendant qu'on m'infulte,

(a) משכיל peut fignifier *intelligens,* ou, *eruditio.* S. Jerôme, *filiorum Core eruditio.* LXX, σύνεσιν τοῖς υἱοῖς Κορέ.

(b) *glocitat ; cervorum proprium.*

en me difant à toute heu-
re : où eft votre Dieu ?

℣. 5. Je ne ceffe de
répandre mon ame en
moi-même , en me fou-
venant de ces tems où
j'entrois avec pompe
dans le Tabernacle (du
Seigneur) dans la mai-
fon de Dieu ,

Parmi les chants de
loüanges , & les cris d'a-
légreffe de tout un Peu-
ple, affemblé pour célé-
brer les folemnités.

℣. 6. Mais , ô mon
ame , pourquoi vous laif-
fez-vous abattre de dou-
leur : & pourquoi me
troublez-vous ?

Atendez le fecours de
Dieu ; car je lui rendrai

℣. 5. Hæc re-
cordatus fum , &
effudi in me ani-
mam meam ; quo-
niam tranfibo in
locum (a) taberna-
culi (b) admira-
bilis, ufque ad do-
mum Dei.

In voce exulta-
tionis , & confeffio-
nis ; fonus (c) epu-
lantis.

℣. 6. Quare trif-
tis (d) es anima
mea ; & quare (e)
conturbas me ?

Spera in Deo ;
quoniam adhuc

(a) *Hebr.* in taberna-
culum.

(b) אדרם ab אדד
*pedetentim , ut in pompis ,
incedam cum eis.* LXX
legerunt אדרת *magnifi-
centia* , mutatis ד in ר &
ם in ת.

(c) *fupple ,* in, *ut fu-
prà.* In multitudine feftum
celebrantis.

(d) *Hebr.* quare deji-
cis te, profternis te ? *fyc.*
Hitphael.

(e) *Hebr.* tumultua-
ris in me, fuper me.

confitebor illi falu-
tare (a) *vultûs*
mei , ℣. 7. (b) *&*
Deus meus.

    Ad meipsum a-
nima mea contur-
bata (c) *est : prop-*
terea (d) *memor*
ero tui de terra
Iordanis : & Her-
moniim à monte
modico (e).

    ℣. 8. *Abyssus*
(f) *abyssum invo-*
cat : in (g) *voce ca-*
taractarum tua-
rum.

    Omnia excelsa (h)

encore des actions de
graces pour les assistances
que j'aurai reçûës par son
regard favorable.

    * ℣. 7. Mon Dieu , mon
ame est toute triste , parce que cet éxil , où je suis
au-delà du Jourdain, près
d'Hermon , & de la pe-
tite montagne de Misar,
me fait encore plus sou-
venir de vous.

    ℣. 8. Un abyme en
apelle un autre , pendant
que vous faites pleuvoir
sur moi un déluge de
maux.

    Tous les flots , & tous

(a) Hebr. *salutes vultûs*
ejus. Aq. Sym. S Hier. supple, *ob,* id est, ob salutes ab
eo profectas.

(b) Hier. legit versum,
& distinxit ut nunc ha-
bet Codex Hebræus : *sa-*
lutaribus vultûs ejus Deus
meus . . . versû ultimo legit
Hebr. ut hic in Vulgatâ.

(c) *Hebr.* dejecit se.

(d) עליכן potest e-
tiam verti, propterea quod:
quoniam.

(e) *Misear* ; qui significat, modicus , parvus.

(f) *Hebr.* Abyssus ad
abyssum clamat.

(g *Hebr.* ad vocem ca-
nalium tuarum : per ca-
nales intelligit nubes , per
quas Deus velut per ca-
nales pluit.

(h) משבריך collisiones
undarum tuarum , *Hier.*
gurgites. *Sym.* procellæ.
LXX legerunt משביריך
exaltationes tuæ.

les orages de votre colé-
re tombent sur moi.

℣. 9. Le Seigneur com-
mandera à sa miséricor-
de (de m'assister) durant
le jour ; & je serai ocu-
pé pendant la nuit à
chanter des Cantiques.

Et à ofrir des priéres
au Dieu puissant, protec-
teur de ma vie.

℣. 10. Je dirai à Dieu,
qui est mon réfuge; pour-
quoi m'oubliez - vous ?
& pourquoi me laissez-
vous toujours dans le
deüil & dans la tristesse,
sous l'opression de mes
ennemis ?

℣. 11. Je me sens per-
cé jusques dans les os:

tua, & fluctus tui
super me transie-
runt.

℣. 9. *In die
mandavit* (ª) *Do-
minus misericor-
diam suam: & noc-
te Canticum* (ᵇ)
ejus.

Apud (ᵇ) *me o-
ratio Deo vitæ meæ,*

℣. 10. *Dicam
Deo susceptor meus
es. Quare oblitus
es mei? & quare
contristatus incedo
dum affligit* (ᶜ)
me inimicus?

℣. 11. *Dum* (ᵈ)
confringuntur ossa

(ª) id est, Deus pro
suâ bonitate decernet, quæ
ex re meâ erunt, sic di-
citur mandare benedictio-
nem & vitam, id est,
procurare felicitatem, &
vitam.

(ᵇᵇ) *Hebr.* Cantica apud
me, vel mecum : id est, ha-

bebo in me à Dei benefi-
centia canendarum ipsius
laudum argumentum.

(ᶜ) *Hebr.* in oppres-
sione, dùm opprimit.

(ᵈ) *Hebr.* in occisionem,
in ossibus meis exprobra-
verunt mihi inimici mei ;
id est, illud probrum ait e

mea : exprobrave-runt mihi , qui tri-bulant me inimici mei.

lorſque mes ennemis me couvrent de confuſion ;

Dum dicunt mi-hi per ſingulos dies: ubi eſt Deus tuus ?

En me demandant avec inſulte à toute heu-re : où eſt votre Dieu ?

℣. 12. *Quare triſtis es anima mea, & quare con-turbas me ?*

℣. 12. Mais, ô mon ame, pourquoi vous laiſ-ſez-vous abatre à là dou-leur , & pourquoi me troublez-vous ?

Spera in Deo, quoniam adhuc confitebor illi : ſa-lutare vultûs mei (ᵃ) , & Deus meus.

Atendez le ſecours de Dieu ; car je lui rendrai encore des actions de graces comme à mon Sauveur , & à mon Dieu.

---

in oſſa mea penetrat, ac proinde mihi eſt , ac ſi gladio transfigerer. Alii pro ברצח in occiſionem , legunt ברצח, ut *occidens* , nempe gladius.

(ᵃ) Chald. habet, *ejus,* & ſic verſu 6. Sed Aq. Sym. Theod. Hier. legunt,

mei , ut eſt hîc in He-bræo ; id eſt, gratias agam *Salvatori meo* , qui vultum meum ſuâ ope , quaſi gra-tâ luce, exhilaraturus eſt: & *Deo meo* , qui ſe palàm probabit *Deum meum* ; ità ut non amplius dicturi ſint : *ubi eſt Deus tuus ?*

SUJET DU PSEAUME.

David, se regardant comme bani ℣. 2. 4.
de la présence de Dieu même, par l'é-
loignement où la persécution de Saül
le tient de la vûë du Tabernacle; désire avec une ardeur extrême, que l'un
& l'autre lui soit rendu. Il ne peut arrêter le cours de ses larmes, quand il
entend ses ennemis conclure de son
éxil, que Dieu, ou l'a abandonné, ou
est dans l'impuissance de le rétablir.

Sa douleur est infiniment augmen- ℣. 5.
tée par le souvenir de ces jours heureux, où il étoit libre à sa piété de
célébrer les fêtes solemnelles d'Israël,
au milieu des cris de joïe, & des Cantiques de tout le peuple.

Néanmoins il se reproche de se lais- ℣. 6.
ser trop abatre par le sentiment des
maux présens: au lieu de se relever
par la confiance en la protection de
Dieu, & par l'idée des actions de graces qu'il lui en rendra un jour.

Mais deux choses s'oposent à sa con- ℣. 7. 8.
solation, & le jétent dans le décou-
ragement: l'une est la vûë de l'éxil qui
le prive de tout éxercice du culte public: l'autre est la continuité de toute

forte de miféres, qui portent l'image de la colére de Dieu fur lui, puifque c'eft fa main qui l'en inonde de toutes parts.

℣. 9-12. Nonobftant ces motifs qui alarment fa piété, il ranime fon courage par une ferme confiance en la bonté, & en la puiffance de fon Dieu qui l'a toujours protégé : il ne ceffera de chanter avec reconnoiffance fes bienfaits paffés, d'implorer fon fecours, de le regarder comme fon afyle & fa reffource ; de fe plaindre à lui-même de fon oubli, & de fon abandon ; de lui expofer les infultes piquantes que fes ennemis lui font de fa vaine confiance en un Libérateur, ou indiférent, ou impuiffant ; de lui repréfenter la rigueur de la perfécution qu'il foufre depuis fi long-tems, & d'en demander la fin avec inftance ; de condamner fes inquiétudes, & fon peu de foi ; & de s'afermir par la certitude d'une prochaine délivrance, où Dieu jétant fur lui un regard favorable, le remplira de joïe, & ne lui laiffera que la douce ocupation de chanter des Cantiques d'actions de graces, à l'honneur de celui qui aura montré par des preuves éclatantes, qu'il eft véritablement fon Sauveur, & fon Dieu.

SECOND SENS.

Les Saints Peres n'ont pas cru que la vûë d'un Tabernacle matériel, & d'une Arche corruptible, fût un objet digne de ces regrets si vifs, & de ces désirs si empressés qui animent le cœur du Prophéte. Ils y ont reconnu les transports d'une ame, qui brûle d'une soif ardente de joüir de la vûë de Dieu, & de posséder la souveraine félicité. En atendant ce bonheur, elle gémit sous le poids de son éxil, & en sent les tentations & les miséres. Elle soupire après la fin d'un pélérinage, où elle ne trouve rien qui ne la trouble & ne la décourage. Mais elle vit de la foi, & se soutient par les promesses. Elle se croit sauvée par l'espérance; & elle ne doute pas que le jour ne soit proche, où elle sera admise dans le sanctuaire céleste, pour y contempler face à face son Dieu & son Sauveur, & pour y chanter à jamais les loüanges de sa miséricorde.

PSEAUME XLII.

Psalmus David.	Pseaume de David.
℣. 1. *J Udica me Deus, & discerne (ᵃ) causam meam de gente non (ᵇ) sanctâ : ab homine iniquo & doloso erue me.*	℣. 1. MOn Dieu, soïez mon juge, prenez la défense de ma cause contre cette nation impitoïable : délivrez-moi de ces hommes pleins de tromperie & d'injustice.
℣. 2. *Quia tu es Deus fortitudo mea : quare me repulisti, & quare tristis incedo, dum affligit (ᶜ) me inimicus ?*	℣. 2. Car vous êtes mon Dieu, vous êtes ma force : pourquoi m'avez-vous rejété ? Pourquoi me laissez-vous dans le deüil & dans la tristesse, sous l'opression de mes ennemis ?
℣. 3. *Emitte lucem tuam & veritatem tuam : ipsa me deduxerunt, & adduxerunt in*	℣. 3. Faites briller sur moi, votre lumiére & votre vérité : qu'elles me conduisent, & m'introduisent sur votre mon-

(ᵃ) *Hebr.* litiga litem meam.
(ᵇ) non misericorde, non piâ, non beneficâ.
(ᶜ , לחץ , opprimir.

tagne sainte, & dans votre tabernacle.

℣. 4. Je m'aprocherai de l'autel de Dieu ; du Dieu qui m'aura comblé de joïe.

Je chanterai vos loüanges sur la lyre, mon Seigneur & mon Dieu.

℣. 5. O mon ame, pourquoi vous laissez-vous abatre à la douleur, & pourquoi me troublez-vous ?

Atendez le secours de Dieu : car je lui rendrai encore des actions de graces, comme à mon Sauveur, & à mon Dieu.

℣. 4. Et introibo ad altare Dei : ad Deum qui lætificat (ᵃ) juventutem meam.

Confitebor tibi in cithara Deus Deus meus : ℣. 5. Quare tristis es anima mea, & quare conturbas me ?

Spera in Deo, quoniam adhuc confitebor illi : salutare vultûs (ᵇ) mei, & Deus meus.

אל-אל שמחת גילי (ᵃ), ad Deum lætitiam exultationis meæ. Sic fert Sym. & Hier. id est, ad Deum, qui est lætitia omnium mearum lætitiarum, duo junguntur synonyma ad ingens gaudium exprimendum. LXX acceperunt גילי, in significatione Chaldaïcâ.

(ᵇ) Vide notas in versum 12. Psalmi præcedentis.

SUJET DU PSEAUME.

Ce Pseaume est une suite, ou plutôt un abrégé du précédent.

℣. 1. Puisque la violence & les artifices de Saül, avec une troupe de gens sans humanité, ont fermé à l'innocence tous les tribunaux, & toutes les bouches ; il ne reste à David que de prier le Seigneur d'être lui-même son Avocat, & son Juge.

℣. 2. Il avoit d'autant plus lieu d'espérer cette grace, que Dieu avoit été jusques-là son unique ressource : mais il a la douleur de penser que son Protecteur le condamne, puisqu'il le laisse dans l'opression.

℣. 3. 4. Il le conjure, pour dissiper sa tristesse, de se souvenir des promesses qu'il lui à faites, & de lui donner quelque marque de son ancienne faveur. Il n'en faudra pas davantage pour le conduire avec liberté jusques dans le saint Tabernacle, où il s'engage d'offrir des sacrifices d'actions de graces, & de chanter, au son des instrumens de musique, les loüanges du Dieu, qui est seul ses délices & sa joie.

℣. 5. Après de telles espérances, il se re-

proche de se laisser encore abatre par
la tristesse. Il s'exhorte à comter sur
une délivrance prochaine, & à se préparer à loüer son Dieu, qui justifiera
hautement son innocence, par la ma-
niére dont il le vengera de ses ennemis.

PSEAUME XLIII.

℣. 1. *IN finem, filiis Core, ad intellectum.*

℣. 1. PSeaume plein d'instruction, qui doit être chanté par le premier des Chantres de la famille de Coré.

℣. 2. *Deus auribus noſtris audivimus : patres noſtri annuntiaverunt nobis.*

℣. 2. Seigneur, nous avons oüi de nos oreilles : & nos peres nous ont raçonté

Opus, quod operatus es in diebus eorum : & in diebus antiquis.

Ce que vous avez fait de leurs jours : & dans les ſiécles paſſés.

℣. 3. *Manus* (a) *tua gentes diſperdidit, & plantaſti eos : afflixiſti populos, & expuliſti eos.*

℣. 3. C'eſt vous, qui par votre main (puiſſante) avez dépoſſédé les nations de leur païs, & y avez établi nos Peres : vous avez acablé de maux ces peuples, & vous les avez chaſſés.

℣. 4. *Nec enim in gladio ſuo poſſe-*

℣. 4. Car ce n'eſt pas par leur épée que nos

______

(a) *Hebr.* Tu manu ſuâ gentes hæreditate ſuâ | expuliſti.

Peres ont conquis cette terre : & ce n'eſt pas leur bras qui les a ſauvés.

Mais ç'a été votre droite, & votre bras, & la lumiére de votre viſage : parce que vous avez mis votre afection en eux.

℣. 5. O Dieu, vous êtes auſſi mon Roi : commandez que Jacob ſoit ſauvé.

℣. 6. Avec votre ſecours nous renverſerons nos ennemis : & par la vertu de votre nom, nous foulerons aux pieds ceux qui s'élévent contre nous.

℣. 7. Car je ne mets pas ma confiance en mon arc : & ce n'eſt point mon épée qui me ſauvera : ou, & je n'atends pas mon ſalut de mon épée.

℣. 8. C'eſt vous qui

derunt terram : & brachium eorum non ſalvavit eos.

Sed dextera tua, & brachium tuum, & illuminatio vultûs tui : quoniam complacuiſti in eis.

℣. 5. Tu es ipſe Rex meus (ᵃ) & Deus meus : qui mandas (ᵇ) ſalutes Jacob.

℣. 6. In te inimicos noſtros ventilabimus (ᶜ) cornu : & in nomine tuo ſpernemus (ᵈ) inſurgentes in nobis.

℣. 7. Non enim in arcu meo ſperabo : & gladius meus non ſalvabit me.

℣. 8. Salvaſti

____

(ᵃ) in Hebr. abeſt, & meus.

(ᵇ) in Hebr. manda, abeſt qui.

(ᶜ) Hebr. cornu petemus.

(ᵈ) Hebr. conculcabimus.

enim nos de affligentibus nos : & odientes nos confudisti.

℣. 9. *In Deo laudabimur* (ᵃ) *totâ die, & in nomine tuo confitebimur in sæculum.*

℣. 10. *Nunc* (ᵇ *autem repulisti, & confudisti nos : & non egredieris Deus in virtutibus* (ᶜ) *nostris.*

℣. 11. *Avertisti nos retrorsùm post inimicos nostros; & qui oderunt nos, arripiebant sibi.*

℣. 12. *Dedisti nos tanquàm oves escarum : & in gentibus dispersisti nos.*

nous avez sauvés jusqu'ici de nos ennemis : vous avez couvert de confusion ceux qui nous haïssent.

℣. 9. Nous ne cessons de nous glorifier en Dieu, & de rendre à votre nom de continuelles actions de graces. Sélah.

℣. 10. Mais aujourd'hui vous nous rejétez, & vous nous couvrez de confusion : vous ne marchez plus à la tête de nos armées.

℣. 11. Vous nous faites fuir devant nos ennemis; & ceux qui nous haïssent, enlévent nos dépoüilles.

℣. 12. Vous nous donnez en proie comme des brebis qui sont dévorées : vous nous avez dis-

---

(ᵃ) *Hebr.* laudamus nos, gloriamur. Sequentia videntur exigere tempus præsens, licet LXX, Aq. Sym. Hier. Vulg. habeant futurum.

(ᵇ) אף, etiam, quin etiam.

(ᶜ) exercitibus.

perſés parmi les nations.

℣. 13. Vous avez ven-du votre peuple pour rien, ſans atendre qu'on le mît à l'enchére.

℣. 14. Vous nous avez mis en oprobre parmi nos voiſins : vous nous avez expoſés aux moc-queries & au mépris de ceux qui ſont autour de nous.

℣. 15. Vous nous avez rendu la fable des Na-tions : & un objet d'in-ſulte pour les peuples. *

℣. 16. Chaque inſtant me préſente de nouveaux ſujets de confuſion : & mon viſage eſt toujours couvert de honte.

℣. 17. Parce que j'en-tens ſans ceſſe la voix

℣. 13. *Vendi-diſti populum tuum ſine pretio (ᵃ) : & non (ᵇ) fuit multi-tudo in commuta-tionibus eorum.*

℣. 14. *Poſuiſti nos opprobrium vi-cinis noſtris : ſub-ſannationem & de-riſum his , qui ſunt in circuitu noſtro.*

℣. 15. *Poſuiſti nos in ſimilitudi-nem (ᶜ) gentibus : commotionem capi-tis in populis.*

℣. 16. *Tota die verecundia mea contrà me eſt : & confuſio faciei mea cooperuit me.*

℣. 17. *A vo-ce exprobrantis &*

(ᵃ) *Hebr. ſine divitiis,* id eſt , *nihili.*

(ᵇ) *Hebr.* & non au-xiſti , non multiplicaſti in pretiis eorum.

(ᶜ) *Hebr.* proverbium, fabulam.

* *Lettre.* Les peuples ont ſecoué la tête contre nous.

obloquentis (a) : à
facie inimici &
persequentis (b).

de ceux qui nous char-
gent d'injures & de ma-
lédictions : & que je suis
obligé de soutenir la vûë
d'un ennemi apliqué à
assouvir sa haine contre
moi.

℣. 18. *Hæc om-
nia venerunt super
nos, nec obliti su-
mus te : & iniquè
(c) non egimus in
testamento tuo.*

℣. 18. Tous ces maux
font venus fondre sur
nous : & néanmoins nous
ne vous avons point ou-
blié : nous n'avons point
violé votre alliance.

℣. 19. *Et non
recessit retro cor
nostrum : & decli-
nasti (d) semitas
nostras à via tua.*

℣. 19. Notre cœur ne
s'est point détourné de
vous : & nos pas ne se
font point égarés de vos
sentiers.

℣. 20. *Quoniam
(e) humiliasti (f)*

℣. 20. Quoique vous
nous aïez brisés, humiliés

(a) *Hebr.* blasphleman-tis.

(b) *Hebr.* se ulciscen-tis.

(c) *Hebr.* non menda-citer, perfidè, egimus con-trà testamentum tuum.

(d) *Hebr.* ותט, & de-clinavit repetendo, *non*, ex priori membro. Sic

Sym. & Hier. LXX lege-runt ותט, activè in se-cundâ personâ. Sic Chald. & Vulg. editio, hoc sensu : *non es passus gressus nos-tros declinare à viâ tuâ.*

(e) כי, hîc significat, *quamvis, cùm.*

(f) *Hebr.* attrivisti.

en nous reléguant parmi des barbares *, & que vous nous aïez couverts des ombres de la mort.

nos in loco (ª) afflictionis : & cooperuit nos umbra mortis.

℣. 21. Si nous avions oublié le nom de notre Dieu ; si nous avions étendu nos mains vers un Dieu étranger :

℣. 21. *Si obliti sumus nomen Dei nostri : & si expandimus manus nostras ad Deum alienum ;*

℣. 22. Dieu ne le découvriroit-il pas, lui qui connoît le sécret des cœurs ?

℣. 22. *Nonne Deus requiret (ᵇ) ista ? ipse enim novit abscondita cordis.*

℣. 23. Puisque donc on nous égorge tous les jours à cause de vous : & qu'on nous regarde comme des brebis destinées à la boucherie,

℣. 23. *Quoniam (ᶜ) propter te mortificamur totâ die : æstimati sumus sicut oves occisionis.*

---

* *Lett.* des Dragons.

(ª) *Hebr.* in loco draconum, id est, inter gentes, draconibus feritate similes.

(ᵇ) *Hebr.* investigaret, scrutaretur.

(ᶜ) *Quoniam propter te ;* refer ad versum sequentem : cùm igitur tuâ unius causâ quotidiè mactemur... exurge ... vel hic versus est ratio ℣. 18. & 19. ità ut quæ interjecta sunt, per parenthesim dicta sint. Hoc sensu : ita esse ut dicimus, nos nunquam fœderi tuo renuntiasse, testantur supplicia, quibus tui causâ, quotidiè afficimur.

℣. 24. *Exurge, quare obdormis, Domine? exurge, & ne repellas in finem?*

℣. 25. *Quare faciem tuam avertis? oblivisceris inopiæ nostræ, & tribulationis nostræ.*

℣. 26. *Quoniam humiliata* (ᵃ) *est in pulvere anima nostra: conglutinatus est in terra venter noster.*

℣. 27. *Exurge* (ᵇ), *Domine, adjuva nos: & redime nos propter* (ᶜ) *nomen tuum.*

℣. 24. Levez-vous, Seigneur; pourquoi dormez-vous? réveillez-vous, & ne nous rejétez pas pour toujours.

℣. 25. Pourquoi nous cachez-vous votre visage? pourquoi oubliez-vous nos maux, & l'opression que nous soufrons.

℣. 26. Notre ame est humiliée jusques dans la poussiere: & notre ventre est ataché à la terre.

℣. 27. Levez-vous, Seigneur: venez à notre secours: délivrez-nous pour la gloire de votre miséricorde.

(ᵃ) incurvata est, prostrata est.

(ᵇ) *Hebr.* surge auxilium nobis. Sic & Hier.

id est, surge, tu qui fuisti semper auxilium nobis.

(ᶜ) *Hebr.* propter misericordiam tuam.

OCASION ET SUJET DU PSEAUME.

On est partagé sur l'ocasion du Pseaume. Les uns la cherchent dans les gémissemens des Captifs de Babylone, les autres dans ceux des Maccabées. Mais les versets 6, 10, 11, 18, 19, 21, 22, s'oposent à l'opinion des premiers ; & les ℣. 18, 19, 20 à celle des seconds. Il paroît plutôt que le S. Esprit a laissé ce Pseaume dans une généralité, indépendante des circonstances particuliéres, afin de le rendre plus propre à exprimer les sentimens des justes afligés dans tous les siécles.

Le Prophéte prête sa voix à ce peuple de Saints, & comparant les anciennes merveilles de Dieu aux maux présens, il s'étonne & se plaint de ce que Dieu abandonne maintenant ses plus fidéles serviteurs.

Nous avons apris de nos Ancêtres, ℣. 2-4. ô mon Dieu, que votre puissance & votre bonté seule, sans vous associer le bras de l'homme, les ont mis en possession de la terre promise, après en avoir exterminé les habitans. — Vous êtes notre Roi, comme vous fûtes le leur : nous sommes comme eux ℣. 5.

de la famille de Jacob : un seul signe
de votre volonté sufisoit pour sauver
les peres : Il sufira encore pour sauver les enfans.

℣. 6-9.   Ce n'est point par nos éforts, mais
par la confiance en votre secours, que
nous comtons de vaincre nos ennemis, comme nos Peres les ont vaincus
jusqu'à ce jour, & comme nous ne cessons, à leur éxemple, de vous en donner toute la gloire, & de vous en rendre graces.

℣. 10-17.   Nous prenions cette heureuse expérience pour un gage certain de votre
protection. Mais bien loin de nous défendre comme autrefois, vous sem-
blez nous avoir rejétés. Vous ne com-
batez plus pour nous. Vous nous mettez en fuite & en désordre. Vous vous
livrez impunément au pillage, à la
dispersion, à l'esclavage, à la boucherie, aux railleries piquantes, aux outrages sanglans ; & aux malédictions
continuelles d'ennemis pleins de haine
& d'insolence.

℣. 18-20.   Néanmoins quoique vous nous aïez
inondés de tant de maux au milieu des
monstres de cruauté, & que vous nous
aïez plongés dans les horreurs de la
mort, nous n'avons point cessé de vous
demeurer atachés, & d'être fidéles à

l'obſervation de votre Loi. — Nous ℣. 21-22. pouvons vous prendre vous-même à témoin, ô mon Dieu, de la ſincérité de cette proteſtation. Vous qui ſondez le fond des cœurs, vous ſavez que la rigueur des mauvais traitemens ne nous a jamais inſpiré la penſée de vous ſubſtituer une divinité étrangére.

Puis donc que notre cauſe eſt la vô- ℣. 23-27. tre : qu'on ne nous égorge, que parce que nous vous apartenons, & qu'on ne punit en nous que vos dons : réveillez-vous, Seigneur ; atendriſſez-vous ſur nos maux : ſoïez touché des ſentimens profonds de notre componction : acourez à notre ſecours : tirez-nous de l'opreſſion ; & faites tout cela, non à cauſe de nos mérites, mais pour la gloire de la miſéricorde toute gratuite que vous vous plaiſez d'éxercer envers votre peuple.

PSEAUME XLV.

℣. 1. *IN finem, filiis Co-re pro* (a) *arcanis: Psalmus* (b).

℣. 1. AU premier des Chan-tres, Cantique qui doit êrre chanté par les fils de Coré sur des Deſſus.

℣. 2. *Deus nos-ter* (c) *refugium* (d) *& virtus: adjutor* (e) *in tribulatio-nibus, quæ* (f) *in-venerunt nos ni-mis.*

℣. 2. Dieu eſt notre ré-fuge & notre force : il a été notre ſecours dans les maux extrêmes qui ſont venus fondre ſur nous.

℣. 3. *Propterea non timebimus dum* (g) *turbabitur ter-ra: & transferen-tur* (h) *montes in cor maris.*

℣. 3. C'eſt pourquoi nous ne craindrons point, quand même la terre changeroit de place ; quand les montagnes ſe-roient tranſportées au milieu de la mer.

(a) עַל־עֲלָמוֹת. Vide titulum Pſal. IX.

(b) שִׁיר, Canticum.

(c) לָנוּ, nobis refu-gium noſtrum.

(d) מַחְסֶה, refugium, ſpes.

(e) עֶזְרָה, auxilium.

(f) נִמְצָא, invenimus, *ou*, inventus eſt.

(g) בְּהָמִיר, dum per-mutabit (*supple*) locum, id eſt, etſi permutat locum.

(h) בְּמוֹט movebuntur. Transferentur, *eſt plus ex-preſſif, & plus clair.*

℣. 4. Les eaux de la mer ont fait un horrible bruit : elles ont été dans l'agitation : les montagnes ont été ébranlées par la * violence de ses flots. Sélah.

℣. 5. Les ruisseaux du (petit) fleuve, remplissent de joïe la Ville de Dieu. Le Très-haut a fait éclater la sainteté de son Temple.

℣. 6. Dieu est au milieu d'elle : elle n'a point été ébranlée : Dieu l'a secouruë dès le point du jour.

℣. 4. *Sonuerunt* (a) *& turbatæ sunt aquæ eorum* (b) : *conturbati* (c) *sunt montes in fortitudine* (d) *ejus.*

℣. 5. *Fluminis impetus* (e) *lætificat civitatem Dei* (f) : *sanctificavit tabernaculum suum Altissimus.*

℣. 6. *Deus in medio ejus non commovebitur* (g) : *adjuvabit eam Deus manè diluculò.*

---

* *Hebr.* hauteur, orgüeil.

(a) יהמו , perstrepue-runt , fremuerunt.

(b) *Hebr.* ejus, id est, maris , licet in plurali.

(c) ירעשו , concussi sunt contremuerunt.

(d) בגאותו , in elatic-ne superbia ejus.

(e) פלגיו , *rivi ejus.*

(f) קדש משכני עליון : sanctum tabernaculorum *Altissimi.* Jérusalem est le plus saint des tabernacles du Très-haut. Mais les LXX ont lû avec d'autres points , en changeant seulement le *iod* final en l'affixe ו vau ; קדש משכנו עליון , & c'est ce qu'il faut suivre.

(g) traduisez , *com-mota est : adjuvit ,* au prétérit.

℣. 7. *Conturbata (ª) sunt gentes, & inclinata (ᵇ) sunt regna ; dedit vocem suam (ᶜ), mota est terra.*

℣. 8. *Dominus virtutum nobiscum: susceptor (ᵈ) noster Deus Jacob. Seláh.*

℣. 9. *Venite, & videte opera Domini , quæ posuit prodigia (ᵉ) super terram ;* ℣. 10. *Auferens (ᶠ) bella usque ad finem terræ.*

Arcum conteret, & confringet arma (ᵍ): & scu-

℣. 7. Les nations ont été dans le trouble : les Roïaumes ont été ébranlés. Dieu a fait entendre sa voix : la terre s'est fonduë , & s'est écoulée.

℣. 8. Le Seigneur des armées est avec nous : le Dieu de Jacob est notre forteresse. Sélah.

℣. 9. Venez : considérez les ouvrages du Seigneur : voïez les ravages qu'il a faits sur la terre : ℣. 10. Il a fait cesser les guerres jusqu'aux extrémités de la terre.

Il a brisé les arcs, il a rompu les lances : il a consumé les chariots par

---

(ª) המו , *tumultuata sunt , perstrepuerunt.*

(ᵇ) מטו , *mutaverunt, vacillarunt.*

(ᶜ) תמוג , *liquefacta est* , id est ; *omnes metu perculsa animo conciderunt , & timore resoluti sunt.*

(ᵈ) משגב , *arx edita ;* *munitio edita.*

(ᵉ) שמות , *vastitates, solitudines.* Sic Hier. Chal. Pagninus , & Rabbini à שמם , *vastare.*

(ᶠ) משבית , cessare faciens , abolens , amovens, auferens.

(ᵍ) חנית , *basta , lancea.*

le feu.

℣. 11. Tenez - vous en repos, & aprenez que je suis Dieu : je serai glorifié parmi les nations, je serai glorifié dans toute la terre.

℣. 12. Le Seigneur des armées est avec nous : le Dieu de Jacob est notre forteresse. Sélah.

ta (a) comburet igni.

℣. 11. Vacate (b), & videte (c), quoniam ego sum Deus : exaltabor in gentibus, & exaltabor in terra.

℣. 12. Dominus virtutum nobiscum : susceptor (d) noster Deus Jacob. Seláh.

(a) עגלות, plaustra, currus.

(b) הרפו, remittite, desistite.

(c) דעו, scitote, cognoscite.

(d) Voyez le verf. 8.

OCASION ET SUJET DU PSEAUME.

II. Rois,
VIII. &
II. Paral.
XVIII.

    David venoit de vaincre les Philiſtins & les Moabites, d'humilier Adareſer & les Syriens de Damas, de ſubjuguer l'Idumée.

    Plein de reconnoiſſance pour tant de victoires incroïables, il proteſte au nom de tout le Peuple Hébreu,

℣. 2. 3. que puiſque Dieu vient de prouver par la défaite de tant de nations conjurées, qu'il eſt toujours le protecteur de ſon Peuple, il ne lui reſte plus rien à craindre, quand le monde entier feroit boulverſé.

℣. 3-6. Déſormais une foule d'ennemis, enflés d'orgüeil, & agités de fureur, auront beau, par leur bruit confus, faire trembler les montagnes, & menacer de tout ſubmerger, comme les vagues irritées de la mer: un fleuve de paix & de proſpérité, ſemblable aux eaux douces & tranquiles de la fontaine de Siloé, qui porte dans tout ſon cours la fertilité & la joïe, inondera les habitans de la Cité de Dieu, & fera ſentir combien la ſainteté du Tabernacle du Seigneur eſt reſpectable. Sion eſt à l'épreuve de toute ataque,

par

par la préfence de fon Dieu : il ne peut diférer de la défendre, puifqu'il y a fixé fa demeure.

Les Nations liguées frémiffoient de ℣. 7. 8. colére contre Ifraël : mais bien-tôt elles ont été humiliées & abatues. A peine Dieu a fait entendre la voix terrible de fon tonnerre, que toute la terre, couverte d'une multitude de fiers ennemis, eft tombée dans l'éfroi, & dans la défolation : parce que le fouverain Seigneur qui protége Ifraël, joint avec une puiffance, à laquelle les armées céleftes, & toutes les créatures obéiffent, une compaffion atentive à tous les befoins, & à tous les périls d'une poftérité qu'il continuë de chérir, comme Jacob leur pere.

Après l'éxemple de tant d'ennemis ℣. 9-11. détruits, & de toutes les traces de la guerre abolies, Dieu invite tous les fpectateurs de ces merveilles, à fe repofer en fa protection avec une pleine affurance, à comter qu'il eft le Dieu unique ; qu'il paroîtra feul grand dans toute la terre ; & que fon nom fera glorifié parmi toutes les nations.

SECOND SENS.

Les Peres Grecs & Latins , frapés

de la grandeur des promesses, trop
augustes pour la Jérusalem de la terre, s'acordent tous à ne voir dans ce
Pseaume que les caractéres, & les priviléges de l'Eglise Chrétienne ; ses
combats, & ses épreuves ; la violence de ses persécuteurs, & leur entiére
destruction après leurs vains éforts ;
sa stabilité & sa sainteté par la présence perpétuelle de son Dieu, qui la
protége & la santifie ; sa confiance
inébranlable au milieu des plus vio-
lentes agitations ; la joïe intime dont
elle joüit ici en atendant qu'elle soit
inondée des torrens de délices ; & enfin son parfait afranchissement, & son
dernier triomphe, après qu'elle aura
soumis tout l'univers au culte du Dieu
unique.

PSEAUME L.

℣. 1. POur le premier des Chantres, Pseaume de David.

℣. 2. Lorsque le Prophéte Nathan le vint trouver, après qu'il eut vû Bethsabée.

℣. 3. Aïez pitié de moi, mon Dieu, selon l'étenduë de votre miséricorde.

Et éfacez mes péchés selon la grandeur & la multitude de vos bontés.

℣. 4. Lavez - moi de mon iniquité de plus en plus : & purifiez-moi de mon péché.

℣. 5. Car je reconnois mes crimes : & ma faute est toujours présente devant moi.

℣. 6. C'est contre vous,

℣. 1. IN finem, Psalmus David.

℣. 2. Cum venit ad eum Nathan Propheta, quandò intravit ad Bethsabee.

℣. 3. Miserere mei Deus, secundùm magnam misericordiam tuam.

Et secundùm multitudinem miserationum tuarum dele iniquitatem meam.

℣. 4. Ampliùs lava me ab iniquitate meâ : & à peccato meo munda me.

℣. 5. Quoniam iniquitatem meam ego cognosco : & peccatum meum contrà me est semper.

℣. 6. Tibi soli

peccavi , & malum coram te feci : ut justificeris in sermonibus tuis , & (ª) vincas cùm judicaris.

contre vous seul que j'ai péché; j'ai commis le mal devant vos yeux : (pardonnez - moi), afin que vous soïez reconnu fidéle dans vos promesses, & irréprochable si l'on vous apelloit en jugement : *ou,* victorieux dans les jugemens que les hommes feront de vous.

℣. 7. *Ecce enim in iniquitatibus conceptus sum : & in peccatis concepit me mater mea.*

℣. 7. Car j'ai été engendré dans l'iniquité : & ma mere m'a conçu dans le péché.

℣. 8. *Ecce enim veritatem dilexisti : incerta (ᵇ) & occulta (ᶜ) sapientiæ (ᵈ) tuæ manifestasti mihi.*

℣. 8. Vous aimez (qu'on vous avoüe) la vérité : vous m'aviez instruit en secret , & au fond du cœur des Mystéres de votre sagesse.

(ª) Hebr. *mundus sis in judicando te.* Aq. *ut judicio superes.* Sym. *ut vincas judicans.* LXX & Theod. *vincas in judicari te.* Hier. *vincas cùm judicaberis.* Il paroît que S. Paul cite ces paroles, pour prouver que tous les hommes méritent d'être condamnés, si Dieu les juge selon leurs seuls mérites.

(ᵇ) Hebr. in ipsis renibus.

(ᶜ) *Hebr.* in abdito.

(ᵈ) *Hebr.* sapientiam scire facies me.

℣. 9. Purifiez-moi avec l'hyſſope, & je ſerai pur : lavez-moi, & je deviendrai plus blanc que la neige.

℣. 10. Faites-moi entendre une parole de conſolation & de joïe : & mes os, que vous avez briſés, treſſailleront d'alégreſſe.

℣. 11. Détournez votre viſage de mes ofenſes : & éfacez toutes mes iniquités.

℣. 12. Mon Dieu, créez en moi un cœur pur : & renouvellez au fond de mes entrailles l'eſprit de droiture & de juſtice.

℣. 13. Ne me rejétez pas de devant votre viſage, *ou*, de votre préſence : & ne retirez pas de moi votre Eſprit ſaint.

℣. 14. Rendez-moi la joïe que je ſentois de

℣. 9. *Aſperges me hyſſopo & mundabor : lavabis me, & ſuper nivem dealbabor.*

℣. 10. *Auditui meo dabis gaudium & lætitiam : & exultabunt (ᵃ) oſſa humiliata.*

℣. 11. *Averte faciem tuam à peccatis meis : & omnes iniquitates meas dele.*

℣. 12. *Cor mundum crea in me Deus : & ſpiritum rectum innova in viſceribus meis.*

℣. 13. *Ne projicias me à facie tua : & Spiritum ſanctum tuum ne auferas à me.*

℣. 14. *Redde mihi lætitiam Salu-*

(ᵃ) *Hebr.* exultabunt oſſa (quæ) contriviſti.

taris tui : & spiri-
tu (a) principali
confirma me.

℣. 15. Docebo
iniquos vias tuas :
& impii ad te con-
vertentur.

℣. 16. Libera
me de sanguinibus,
Deus, Deus salu-
tis meæ : & exul-
tabit lingua mea
justitiam tuam.

℣. 17. Domine
labia mea aperies :
& os meum annun-
tiabit laudem tuam.

℣. 18. Quoniam
(b) si voluisses sa-
crificium, dedissem
utique : holocaustis
non delectaberis.

℣. 19. Sacrifi-
cium Deo spiritus

vous avoir pour Sauveur :
& fortifiez-moi par l'es-
prit d'une piété qui vous
soit toute dévoüée : ou,
par le don d'un esprit qui
vous soit tout dévoüé.

℣. 15. J'aprendrai vos
voïes aux pécheurs : &
les impies se converti-
ront à vous.

℣. 16. O Dieu, ô Dieu
mon Sauveur, délivrez-
moi du sang (que j'ai répandu) : & ma langue
chantera avec joïe votre
justice.

℣. 17. Seigneur, ou-
vrez mes lévres : & ma
bouche anoncera vos
loüanges.

℣. 18. Si vous aimiez
les sacrifices, je vous en
ofrirois : mais les ho-
locaustes ne vous font
pas agréables.

℣. 19. Le sacrifice que
Dieu demande, est un

(a) נדיבה, spontaneus,
voluntarius, spontè datus.
(b) Hebr. non voluisti sacrificium, & dabo. LXX
legerunt לו si, pro לא
non, & benè.

esprit humilié * : ô Dieu, vous ne mépriserez point le cœur contrit & brisé (de douleur.)

℣. 20. Seigneur, par un éfet de votre bonté, répandez vos bénédictions sur Sion : & bâtissez les murs de Jérusalem.

℣. 21. Vous agréerez alors les sacrifices de justice, les ofrandes, & les holocaustes : alors on vous ofrira des victimes sur votre Autel.

contribulatus : cor contritum & humiliatum Deus non despicies.

℣. 20. Benignè fac, Domine, in bonâ voluntate tuâ Sion : ut ædificentur muri Jerusalem.

℣. 21. Tunc acceptabis sacrificium justitiæ oblationes & holocausta : tunc imponent super Altare tuum vitulos.

---

* *Lett.* brisé.

OCASION ET SUJET DU PSEAUME.

⅋. 1-14.
II. Rois,
XII.
Aussi-tôt que David est repris par le Prophéte Nathan de son adultére & de son homicide, il en condamne hautement l'injustice. Pénétré d'un profond repentir, qui lui rend ce double crime continuellement présent ; il réunit tous les motifs capables d'en obtenir le pardon de la miséricorde infinie de Dieu ; & il demande avec instance, que le don de l'Esprit saint, & la grace d'une piété sincére, & de la persévérance lui soient rendus.

⅋. 15-19.
Une telle faveur le remplira de joïe, & le mettra en état d'aprendre aux plus grands pécheurs, par ses discours & par son éxemple, à recourir avec confiance à une bonté toujours fidelle, à la promesse qu'elle a faite de pardonner aux cœurs pénitens. Puisque les sacrifices de la Loi ne peuvent plaire à Dieu par eux-mêmes, & qu'ils doivent être abolis comme impuissans & inutiles, il ne cessera de lui ofrir le sacrifice d'un cœur brisé de douleur, qu'il ne peut rejéter ; & de chanter à son Sauveur un Cantique de loüanges & d'actions de graces.

Enfin David se regardant comme le ℣. 20. 21.
chef du Peuple de Dieu, demande
sous les voiles de Sion, des murs de
Jérusalem, & des oblations légales,
que son péché ne soit pas un obstacle
aux bénédictions promises à l'Eglise
Chrétienne. Il prédit que quand le
Messie l'aura établie, & lui aura donné sa force & sa sûreté, alors on y
acourra de toutes parts, pour y ofrir
un sacrifice qui renfermera tous les autres, & qui sera seul digne de plaire
à Dieu, parce qu'il sera seul capable
de donner la rémission des péchés, &
la véritable justice.

PSEAUME LI.

℣. 1. IN finem, intellectus (a) David.

℣. 2. Cum venit Doëg Idumæus, & nuntiavit Saüli : venit David in domum Achimelech.

℣. 3. (b) Quid gloriaris in malitiâ : qui potens es

℣. 1. PSeaume de David, plein d'instruction ; qui doit être chanté par le premier des Chantres.

℣. 2. Lorsque Doëg l'Iduméen vint donner avis à Saül, que David étoit venu dans la maison d'Achimélech.

℣. 3. Pourquoi vous glorifiez-vous de votre crime , vous qui êtes

---

( ) משכול.

(b) Hebr. LXX, Aug Euthym. sic distingunt : Quid gloriaris in malitia qui potens es ? deinde... nunc legitur in Hebr. חסד אל כל - היום. De Muis sic intelligit. Quid de confecto facinore superbis ? Numquàm me deseret misericors ille Deus, qui pro suorum salute quotidie excubat, ac sicut me deffendit ita deinceps deffendet. LXX vertunt, ἀνομίαν ὅλην τὴν ἡμέραν For- te legerunt חמס Bells. loco, misericordia Dei totâ die , vult verti, opprobrio Dei... Quia Doëg occidit Sacerdotes, quod in opprobrium Dei redundavit. Nam Levit. XX, 17. & Proverb. XIV , 37. חסד , significat , opprobrium, ex usu Chaldaïco. Vide Buxtorf.

fier de votre crédit ? la miséricorde de Dieu éclate sur moi tous les jours.

℣. 4. Votre langue concerte des moïens de nuire : elle tranche comme un rasoir afilé : elle met en œuvre toute sorte de fourberie.

℣. 5. Vous ne vous êtes plû qu'à faire le mal, & non le bien : à avancer des calomnies, au lieu de parler selon la justice. Sélah.

℣. 6. Vous n'avez aimé à parler que pour ruiner & pour perdre, langue trompeuse.

℣. 7. Mais aussi le Dieu tout - puissant vous détruira pour jamais : il

in iniquitate ?

℣. 4. *Totâ die injustitiam (a) cogitavit lingua tua : sicut novacula acuta fecisti (b) dolum.*

℣. 5. *Dilexisti malitiam super benignitatem: iniquitatem magis, quàm loqui æquitatem.*

℣. 6. *Dilexisti omnia verba (c) præcipitationis, lingua (d) dolosa.*

℣. 7. *Propterea, Deus destruet te in finem : evellet (e)*

(a) *Hebr. damna, ærumnas,* id est, criminationes accuratè meditatas quibus nos perderes.

(b) *Hebr.* faciens dolum, vel, novacula, vel in vocativo, ô tu faciens dolum, ô artifex doli.

(c) *Hebr.* absorptionis.

(d) L X X, *linguam dolosam,* nempè, *dilexisti.*

(e) יחתך de חתה, abripere celeriter, ut prunas à foco.

te, *& emigrabit te* (a) *de tabernaculo tuo; & radicem* (b) *tuam de terra viventium.*

℣. 8. *Videbunt Justi, & timebunt, & super eum ridebunt, & dicent:* ℣. 9. *Ecce homo* (c), *qui non posuit Deum adjutorem suum.*

Sed speravit in multitudine divitiarum suarum: & prævaluit in vanitate (d) *sua.*

℣. 10. *Ego autem sicut oliva fructifera in domo Dei: speravi in*

vous enlévera; il vous arachera de votre demeure, & vous déracinera de la terre des vivans.

℣. 8. Les Justes le verront, & seront remplis de crainte: ils se riront (de ce méchant) & diront: ℣. 9. Voilà cet homme formidable, qui ne regardoit point Dieu comme sa force & son apui:

Mais qui avoit mis sa confiance dans ses grandes richesses; & qui ne se croïoit fort qu'à proportion de ce qu'il faisoit du mal.

℣. 10. Pour moi je serai dans la maison du Seigneur comme un olivier toujours vert: j'ai

---

(a) è loco in locum transferet.

(b) שרשך eradicabit in piel, sic Sym. & Hier. LXX legerunt substantivum.

(c) *Hebr.* vir potens, validus.

(d) *Hebr.* בהותו de הוה pravitate, ærumnâ: vel, opibus, facultatibus.

...nis ma confiance dans la miséricorde de Dieu pour tous les siécles, & pour toute l'éternité.

℣. 11. Je vous rendrai (un jour) d'éternelles actions de graces, de ce que vous aurez fait ; & je me fierai pleinement en la protection de votre nom, parce qu'il est la bonté même à l'égard de vos Saints.

misericordiâ Dei in æternum, & in sæculum sæculi.

℣. 11. Confitebor tibi in sæculum, quia fecisti : & expectabo (a) nomen tuum : quoniam (b) bonum est in (c) conspectu Sanctorum tuorum.

(a) id est, opem tuam, vel nomen Dei, pro, Deo.

(b) vel, quia nomen tuum præsens propitium est ; vel, quia bonum est expectare nomen tuum.

(c) in conspectu, refer ad confitebor.... vel, quia dulce & bonum est nomen tuum piis hominibus.

OCASION DU PSEAUME.

I. Rois. XXI.
XXII.

David aïant apris d'Abiathar dans le désert de Haret, avec quelle cruauté Doëg l'Iduméen avoit égorgé, par l'ordre de Saül, le Grand-Prêtre Achimélech, avec quatre-vingt-cinq Prê-

V. 2. tres de sa famille ; & avoit passé au fil de l'épée tous les habitans de la ville de Nobé, jusques aux femmes, aux enfans & aux bestiaux ; composa ce Pseaume pour ranimer le courage & la confiance de sa troupe, & pour consoler, en leurs personnes, les Justes oprimés dans tous les siécles.

SUJET DU PSEAUME.

V. 3-6.

Le Prophéte reproche à Doëg, fier de son crédit, les noirs artifices de ses calomnies, & leurs funestes suites.

V. 7-9.

Il anonce qu'après que la vengeance Divine l'aura enlevé de la terre avec toute sa postérité, comme il a exterminé toute une famille Sacerdotale, les gens de bien, à la vûë de cette punition éxemplaire, seront d'un côté remplis d'un respect religieux pour les jugemens de Dieu ; & que de l'autre, ils insulteront à la folle présomption d'un homme, qui aura plus comté sur ses richesses , & sur le pouvoir de faire impunément le mal, que sur le Tout-puissant.

Pour David , il est dès ce moment ℣. 10.11. plein d'assurance , que pendant que Doëg avec les siens sera araché de sa maison ; lui, il subsistera dans un état florissant au milieu de la maison de Dieu ; à cause de sa ferme confiance en sa miséricorde ; & qu'en rendant à son vengeur de perpétuelles actions de graces en présence de ses Saints , il leur aprendra, par son éxemple, combien il est sûr , & consolant, de s'abandonner sans réserve à une protection si atentive.

P S E A U M E   L I I I.

℣. 1. *IN finem, in carmi-nibus (a) intellec-tus David.*

℣. 1. PSeaume de David, plein d'inſtruction, qui doit être chanté par le premier des Chantres, ſur des inſtrumens à corde.

℣. 2. *Cùm ve-niſſent Ziphæi, & dixiſſent ad Saül: nonne David abſ-conditus eſt apud nos?*

℣. 2. Lorſque ceux de Ziph vinrent donner àvis à Saül, que David s'é-toit retiré parmi eux.

℣. 3. *Deus, in (b) nomine tuo ſal-vum me fac: & in (c) virtute tuâ judica me.*

℣. 3. O Dieu, ſauvez-moi, pour la gloire de votre nom: déploïez vo-tre puiſſance pour me dé-fendre.

℣. 4. *Deus, exaudi orationem meam: auribus per-cipe verba oris mei.*

℣. 4. O Dieu, écou-tez ma priére; prêtez l'o-reille aux paroles de ma bouche.

(a) Vide Pſ. IV. ℣. 1.

(b) *vel*, propter no-men tuum; *vel* cum po-teſtate tuâ, & majeſtate, cui omnia cedunt.

(c) & in robore tuo ſis judex meus: tribue mihi defenſionem, & adverſa-rio ultionem.

℣. 5.

℣. 5. Car des hommes pleins d'orgüeil se sont élevés contre moi, des hommes violens cherchent à m'ôter la vie: ils n'ont point (la crainte de) Dieu devant les yeux. Sélah.

℣. 6. Mais voici mon Dieu qui vient à mon secours: il prend la place de tous ceux qui pourroient défendre ma vie.

℣. 7. Rejétez sur mes ennemis le mal qu'ils veulent faire tomber sur moi: exterminez-les selon la vérité de vos promesses.

℣. 8. Je vous ofrirai

℣. 5. Quoniam (a) alieni insurrexerunt adversùm me, & fortes (b) quæsierunt animam meam: & non proposuerunt Deum ante conspectum suum.

℣. 6. Ecce enim Deus adjuvat me: & Dominus susceptor (c) est anima mea.

℣. 7. Averte (d) mala inimicis meis: & in veritate tuâ disperde illos.

℣. 8. Volunta-

(a) in Hebræo זדים, sed Chald. legit זידים, superbi: & in Ps. LXXXV. ℣. 14. qui idem penè est cum hoc versu, legitur זדים, & meliùs convenit. Facile fuit mutare ד in ר.

(b) violenti, formi-dabiles.

(c) Hebr. inter sustentatores anima mea. Solus est instar omnium sustentatorum.

(d) ישיב, reverti faciat, vel, revertatur malum. Sym. retribuet.

riè (a) sacrificabo tibi : & confitebor nomini tuo, Domine, quoniam bonum (b) est.

℣. 9. Quoniam ex omni tribulatione (c) eripuisti me : & super (d) inimicos meos despexit oculus meus.

des sacrifices de toute l'étenduë de mon cœur : & je loüerai hautement votre nom, Seigneur, parce que vous êtes la bonté même.

℣. 9. Lorsque vous m'aurez délivré de toutes mes afflictions : & que vous m'aurez fait voir de mes yeux la ruine de mes ennemis.

(a) *Hebr.* Spontaneè, liberaliter, promptissimo animo.

(b) *vel*, bonus es.

(c) *Hebr.* eripuit me,

supple, nomen tuum, vel Dominus.

(d) *Hebr.* & in inimicis meis vidit oculus meus. *Chald.* vidit ultionem.

OCASION DU PSEAUME.

Le titre du Pseaume en découvre l'o- I. Rois
casion. Les habitans du défert de Ziph, XXIII.
pour faire leur cour au Prince, l'a- 19-28.
voient fait affurer qu'ils lui livreroient
David, qui étoit caché parmi eux.

Pour profiter de leur trahifon, Saül
s'avança avec l'élite de fes troupes,
& en aïant formé une enceinte, elles envelopoient David de toutes parts,
& le ferroient déja de fi près, qu'il
n'y avoit aucune aparence qu'il pût
échaper.

SUJET DU PSEAUME.

Dans cette extrémité, où tout eft ℣. 3-5.
défefpéré du côté des hommes, le
Prophéte implore la protection du
Tout-puiffant contre la perfidie & la
violence de tant d'ennemis prêts à le
perdre, & qu'aucune crainte de Dieu
n'arête.

Mais dans le moment du plus grand ℣. 6. 7.
danger, David aperçoit tout d'un coup
Dieu-même venir à fon fecours, &
fe rendre le confervateur de fa vie,
en faifant anoncer brufquement à Saül

par un courier , que les Philiſtins
ont fait une irruption dans ſes Etats ,
& en l'obligeant de retirer promtement ſes troupes pour les repouſſer.

℣. 7.   Il prie ſon Libérateur de mettre le
comble à ce bienfait inopiné , en
achevant de perdre ſes ennemis , comme ils avoient réſolu de le perdre ,
afin d'acomplir la promeſſe qu'il lui
a faite de lui donner le Trône de Saül.

℣. 8. 9.   Il promet à Dieu que , lorſqu'il
l'aura ainſi délivré de toutes ſes tra-
verſes , & l'aura rendu ſpectateur de
la ruine de ſes ennemis , il lui ofrira
par reconnoiſſance des ſacrifices avec
profuſion , & ne ceſſera de chanter ſes
loüanges.

PSEAUME LIV.

℣. 1. PSeaume de David, plein d'instruction, qui doit être chanté par le premier des Chantres, sur des instrumens à corde.

℣. 2. Mon Dieu, prêtez l'oreille à ma demande; & n'afectez pas de vous cacher pour ne point écouter ma priére. ℣. 3. Soïez atentif à mes paroles, & éxaucez-moi.

Je pousse des gémissemens & des plaintes: je suis dans le trouble, ℣. 4. A cause des reproches de mon ennemi, & de la détresse où me

℣. 1. IN finem; in carminibus (a) intellectus David.

℣. 2. Exaudi, Deus, orationem meam, & ne (b) despexeris deprecationem meam: ℣. 3. Intende mihi, & exaudi me.

Contristatus (c) sum in exercitatione meâ: & conturbatus sum, ℣. 4. A vace inimici, & à (d) tri-

---

(a) Vide Pf. IV. ℣. 1.

(b) *Hebr.* ne temet abscondas à deprecatione meâ

(c) אריד de רוד *dominari,* sed in Hiphil significat *lamentari, plorare, plangere.* Sym. *demißus sum.* Hier. *humiliatus.*

(d) Hebr. *à facie preßura improbi,* עקת *preßura, angor, ab* עוק *arctare, premere.*

bulatione peccato-
ris.

Quoniam decli-
naverunt in me
iniquitates : & in
irâ molesti (ᵃ) e-
rant mihi.

réduit l'impie.

Car ils m'imposent de faux crimes : & ils sont animés de haine contre moi.

℣. 5. *Cor meum*
conturbatum est in
me : & formido
mortis cecidit super
me.

℣. 5. Mon cœur a été au-dedans de moi déchiré de douleur : & les fraïeurs de la mort sont venuës fondre sur moi.

℣. 6. *Timor &*
tremor venerunt
super me : & con-
texerunt me tene-
bræ (ᵇ).

℣. 6. J'ai été saisi de crainte & de tremblement : & l'horreur, *ou*, l'éfroi (dont j'ai été pénétré), m'a couvert (comme) d'épaisses ténébres.

℣. 7. *Et dixi :*
quis dabit mihi
pennas sicut colum-
bæ : & volabo, &
requiescam (ᶜ).

℣. 7. J'ai dit alors : qui me donnera des aîles comme à la colombe : afin que je m'envole, (dans un lieu bien reculé) pour y demeurer ?

℣. 8. *Ecce elon-*

℣. 8. Je m'enfuirois

(ᵃ) *Hebr.* odio prose-
quuntur:

(ᵇ) Hebr. *horror.* Sic
Sym. Hier. *caligo.*

(ᶜ) ita habent Hier. &
Pagninus. Sed Hebr. *ha-*
bitarem : id est, avola-
rem ubi securus habitare
possem.

bien loin ; & je me re-
tirerois dans le défert.
Sélah.

℣. 9. Je me hâterois
de me fauver de l'orage,
& des tourbillons qui
me pourfuivent.

℣. 10. Anéantiffez
(leurs projets), Seigneur,
jétez la divifion dans
leurs délibérations * : car
je n'ai vû dans la ville
que diffentions, & vio-
lence.

℣. 11. Elle en eft en-
vironnée jour & nuit fur
fes murailles : ℣. 12. Et
au-dedans, elle n'eft pleine que d'injuftice & de
méchanceté.

Les crimes y dominent :

gavi (a) fugiens,
& manfi (b) in
folitudine.

℣. 9. Expecta-
bam (c) eum qui
falvum me fecit : à
pufillanimitate (d)
fpiritûs & tempef-
tate.

℣. 10. Præci-
pita (e), Domi-
ne, divide linguas
eorum ; quoniam
vidi iniquitatem &
contradictionem in
Civitate.

℣. 11. Die ac
nocte circumdabit
eam fuper muros
ejus iniquitas : &
labor in medio e-
jus, ℣. 12. Et in-
juftitia.

Et non defecit

---

* *A la Lett.* divifez leurs langues.

(a) elongarem.

(b) pernoctarem, *id eft*, abderem me in de-fertum aliquod.

(e) אחישה מפלט לי ,

feftinarem effugium mihi. Ita Sym. Aq. Hier.

(d) *Hebr.* à fpiritu turbinis. Ita Aq. & Theod.

(c) Hebr. *abforbe, de-gluti.*

de plateis ejus ufura (ª), & dolus.

la fraude & la tromperie ne s'éloignent jamais de fes places.

℣. 13. *Quoniam fi inimicus meus maledixiffet mihi : fuftinuiffem utique.*

℣. 13. Car ce n'eft point mon ennemi qui m'outrage : je l'aurois foufert.

Et fi is qui oderat me , fuper me magna (ᵇ) locutus fuiffet : abfcondiffem me forfitan (ᶜ) ab eo.

Ce n'eft point celui qui me haïffoit , qui s'eft élevé contre moi : je me ferois caché de lui.

℣. 14. *Tu verò homo unanimis (ᵈ): dux (ᶜ) meus , & notus (ᶠ) meus.*

℣. 14. Mais c'eft vous que j'égalois à moi-même ; vous étiez le chef de mes confeils , & mon ami familier.

℣. 15. *Qui (ᵍ) fimul mecum dul-*

℣. 15. Nous goûtions enfemble le plaifir de

(a) תך , fraus , dolus , induftriæ fraudulentæ.

(ᵇ) הגריל , fe effert , infurgit, vel magnificat os fuum.

(ᶜ) forfitan *n'eft pas du Texte.*

(ᵈ) כערכי , fecundùm æftimationem , & comparationem meam , *id eft* , par mihi. *Chald.* qui fi-milis mihi , quem ego tanquam me æftimavi.

(ᶜ) אלובי ab אלף , *docuit*: de cujus confilio agebam omnia.

(f) familiaris meus : cui omnia cordis arcana patefeci.

(g *Hebr. & Aq.* qui fimul dulce faciebamus confilium : *id eft* , qui
nous

nous confier mutuelle-
ment ce que nous avions
de plus secret. *Ou autrement* : Nous goûtions le
plaisir de manger ensem-
ble à la même table :
nous allions de compa-
gnie à la maison du Sei-
gneur.

℣. 16. Qu'une promte
mort surprenne mes en-
nemis : qu'ils descendent
dans l'abîme tout vivans.

Puisqu'il n'y a que mé-
chanceté dans leurs mai-
sons : & au fond de leur
cœur.

℣. 17. Pour moi je
ne cesserai d'adresser
mes cris à Dieu : & le
Seigneur me sauvera.

ces capiebas cibos :
in domo Dei am-
bulavimus cum (ᵃ)
consensu.

℣. 16. Veniat
(ᵇ) mors super il-
los : & descendant
in infernum viven-
tes.

Quoniam nequi-
tiæ in habitaculis
eorum : in medio
eorum.

℣. 17. Ego au-
tem ad Deum cla-
mavi : & Dominus
salvabit me.

---

magnâ cum animi volup-
tate de rebus secretis simul solebamus communi-
care consilia. LXX ὃς ἐπὶ
τοαὐτό ἐγλύκανας ἐδέσμα-
τα, de ציד *esca*; & au-
tres de סוד, *arcanum. Le
premier convient mieux ici
avec le verbe.*

Tome V.

(ᵃ) ברגש, *propriè*, cum
frequentia, cum conventu
plurium : significat etiam,
in societate, uno eodem-
que comitatu.

(ᵇ) ישימות, decipiat
mors de נשא *in hiphil,
fefellit.*

L

℣. 18. *Vespe-re, & manè, & meridie narrabo, & (a) annuntia-bo : & exaudiet vocem meam.*

℣. 19. *Redimet in pace animam meam ab his qui appropinquant mi-hi ; quoniam (b) inter multos erant mecum.*

℣. 20. *Exaudiet Deus (c), & hu-miliabit illos ; qui (d) est ante sæcula.*

Non enim est illis commutatio (e),

℣. 18. Le soir, le ma-tin, & à midi, je l'invo-querai au fond de mon cœur : je le prierai avec empressement; & il écou-tera ma voix.

℣. 19. Il mettra mon ame en paix, en me dé-livrant de ceux qui me font la guerre, parce qu'ils se font atroupés en foule contre moi: *ou,par-ce qu'il m'a souvent assis-té dans mes plus grands (dangers.)*

℣. 20. Le Dieu puis-sant m'exaucera : & celui qui est avant tous les sié-cles les humiliera. Sélah.

Car leur malice ne change point : ils ne crai-

(a) *Hebr. tumultuabor.* Primò anxietatem notat, deinde fervorem precan-di, qui oriri solet ex an-xio metu.

(b) *Hebr.* quoniam in multis sunt mecum. *Sym. & Hier.* quoniam multi fuerunt adversum me. *Sed Chald.* quoniam in mul-tis (angustiis) fuit ver-bum illius in auxilium mihi. Sic optimè flueret sensus, & Hebræo confor-mis, si mutes היו in חיה.

(c) אל, *Deus potens.*

(d) *Hebr.* qui sedet, ut immobilis, & judex.

(e) *Hebr.* mutationes, *vel,* quia in malo pertina-citer perseverant: *vel,* quia nullas fortunæ suæ vicis-

gnent point Dieu : ℣. 21. Le méchant a porté sa main contre ceux qui vivoient en paix avec lui.

Il a violé toutes les loix de l'amitié. ℣. 22. Il avoit dans sa bouche la douceur du lait, & la guerre dans le cœur.

Ses paroles étoient insinuantes comme l'huile : & elles perçoient comme des épées.

℣. 23. Jétez vos soins dans le (sein du) Seigneur, & il vous soula-

& non timuerunt Deum : ℣. 21. Extendit manum suam (ᵃ) in retribuendo.

Contaminaverunt (ᵇ) testamentum ejus. ℣. 22. Divisi (ᶜ) sunt ab irâ vultûs ejus : & appropinquavit (ᵈ) cor illius.

Molliti sunt sermones ejus super oleum : & ipsi sunt (ᵉ) jacula.

℣. 23. Jacta super Dominum curam (ᶠ) tuam, &

---

situdines experiuntur ; adeoque de Deo securi vivunt : *vel*, quia Deus est immutabilis, perficietque quod decrevit, nec semper patietur hostes esse me superiores.

(ᵃ) in colentes pacem secum. Sic *Aq. Sym. Hier.* in pacificos suos. *Hebr.*

(ᵇ) *Hebr.* violavit fœdus suum.

(ᶜ) *Hebr.* lenia erant (ut) butyra (verba) oris ejus. Sic *Sym. Hier.*

(ᵈ) *Hebr.* congressus, seu, bellum, cor ejus.

(ᵉ) *Hebr.* gladii districti. *Hier. & Chald.* lanceæ.

(ᶠ) *Hebr.* onus tuum, id est, quidquid tibi, est oneri.

L ij

ipſe te (ᵃ) enutriet : non dabit in æternum fluctuationem Juſto.

℣. 24. Tu verò Deus deduces (ᵇ) eos in puteum interitûs (ᶜ).

Viri ſanguinum, & doloſi non dimidiabunt dies ſuos : ego autem ſperabo in te Domine.

gera : il ne permettra pas que le Juſte ſoitéternellement agité.

℣. 24. Mais vous , ô Dieu , vous les précipiterez dans le puits de l'abîme.

Les hommes ſanguinaires & trompeurs n'arriveront pas à la moitié de leurs jours. Pour moi je ne ceſſerai point d'eſpérer en vous.

(ᵃ) ſic habent LXX, Vulg. Chald. Sed Hebr. habet ſuſtentabit te , à כול , menſuravit, diſpoſuit, ordinavit, item ſuſtinuit , ſuſtentavit , quaſi annonam in victum menſuravit.

(ᵇ) Hebr. deſcendere facies , detrudes.

(ᶜ) שחת , corruptionis , ſepulcri , inferni.

OCASION DU PSEAUME.

Sur la nouvelle de l'aproche du re- II. Rois,
belle Abſalom, David étant ſorti avec XV.
précipitation de Jéruſalem, & montant
ſur la montagne des Oliviers, au milieu d'une troupe qui fondoit en larmes, aprit, pour comble de douleur,
qu'Achitophel ſon premier Miniſtre,
étoit à la tête de la conjuration. C'eſt
dans ce moment d'alarme qu'il compoſa ce Pſeaume.

SUJET DU PSEAUME.

Troublé par les menaces des con- V. 2-9.
jurés, afligé des calomnies, dont ils
chargeoient ſa perſonne & ſon gouvernement, ſaiſi d'éfroi à la vûë d'une
mort préſente, il conjure le Seigneur
avec des inſtances redoublées de ne
point rejéter ſes plaintes ni ſes prieres ; & de lui ouvrir promtement un
aſyle dans quelque déſert éloigné, où
il puiſſe ſe dérober aux pourſuites
d'ennemis implacables.

Il demande que Dieu faſſe échoüer V. 10-12.
les deſſeins ambitieux d'Abſalom, en
mettant la diviſion dans les délibéra-

L iij

tions de son Conseil, & en se servant
de la confusion, de la violence & de
l'injustice, qui se sont emparées de Jérusalem, & qui y régnent impunément.

℣. 13-15.
℣. 21. 22. Ce qui le pique le plus vivement,
ce n'est pas la haine de ses ennemis
déclarés ; mais la douceur trompeuse, & la perfidie meurtriere d'Achitophel, qu'il avoit mis à la tête de ses
afaires, avec qui il partageoit l'autorité souveraine, & qu'il s'étoit ataché par les liens les plus intimes de
l'amitié, de la confidence, , & de la
Religion.

℣. 16-21. Il ne cessera de prier, jusqu'à ce
que le Tout-puissant, l'Eternel, en qui
seul il a mis sa confiance, ait rendu
la paix à son cœur, & le calme à son
Roïaume, par la défaite subite de ces
factieux endurcis dans le crime, qui
n'ont aucune crainte, ni de Dieu, ni
des hommes.

℣. 23. 24. En atendant, il exhorte les siens à jé-
ter à son éxemple, toutes leurs inquiétudes dans le sein de Dieu, qui ne
soufre point que les agitations des Justes durent toujours ; & il prédit, que
certainement des hommes aussi cruels
que perfides, seront précipités par une
mort violente & prématurée dans un

abîme, d'où ils ne pourront jamais sortir.

SECOND SENS.

Il est aisé de reconnoître, avec les saints Peres, dans les sentimens de David, les saintes dispositions de JESUS-CHRIST au tems de sa Passion : d'apercevoir dans la perfidie d'Achitophel, la trahison d'un Apôtre, honoré de la plus intime confiance, admis aux plus saints Mystéres, livrant son Maître, par le symbole sacré de l'amitié : de remarquer dans le soulevement de tout Israël contre son Libérateur, & son Roi, la conspiration des Juifs contre le CHRIST ; & dans la ruine entiére & inopinée du parti d'Absalom, la punition temporelle & spirituelle de la Synagogue ingrate & rebelle.

Toute ame fidelle doit, dans les circonstances semblables à celles de David, & de JESUS-CHRIST, faire la même priere.

L V

PSEAUME LV.

℣. 1. *IN finem, pro populo, qui à sanctis longè factus est* (a). *David, in tituli inscriptionem cùm tenuerunt eum Allophili in Geth.*

℣. 2. *Miserere mei, Deus, quoniam* (b) *conculcavit me homo : totâ die impugnans tribulavit* (c) *me.*

℣. 3. *Conculcaverunt me inimici mei totâ die : quoniam multi bellantes adversùm me.*

℣. 1. POur le premier des Chantres.... (a) mystére pour David, lorsqu'il fut arêté par les Philistins, dans la ville de Geth.

℣. 2. Mon Dieu, aïez pitié de moi : car les hommes cherchent à me dévorer : & ils m'opriment, en me faisant une güerre continuelle.

℣. 3. Mes ennemis cherchent à tout moment à me dévorer : & le nombre de ceux qui me font la guerre est

---

(a) On ne trouve rien dans les Interprétes qui fixe le sens de ces mots, *pro populo, qui à sanctis longè factus est*, qui répondent à ces mots dans l'Hébreu, עַל־יוֹנַת אֵלֶם רְחֹקִים׃

(b) *Hebr.* absorbet, deglutit. Item, anhelat, aspirat : id est, inhiat ad absorbendum me.

(c) premit, arctat, opprimit.

grand, ô Très-haut.

℣. 4. En quelque tems que j'aïe sujet de craindre, je mettrai en vous ma confiance.

℣. 5. (L'immobilité de) la parole de Dieu fera le sujet de mes loüanges : j'espere en Dieu : je ne crains point tout ce que la chair me pourra faire.

℣. 6. Ils ne cessent d'empoisonner mes paroles : ils ne pensent qu'à me faire du mal.

℣. 7. Ils s'assemblent, ils se cachent : ils épient

℣. 4. *Ab altitudine* ([a]) *diei* ([b]) *timebo : ego verò in te sperabo.*

℣. 5. *In* ([c]) *Deo laudabo sermones meos, in Deo speravi : non timebo quid faciat mihi caro.*

℣. 6. *Totâ die verba mea execrabantur* ([d]) *: adversum me omnes cogitationes eorum in malum.*

℣. 7. *Inhabitabunt* ([e])*, & abs-*

([a]) מרום, *Aq. Hier. Chald.* vertunt, ô Altissime, & nectunt, ut Hebræus, ad versum præcedentem.

([b]) *Hebr. & Aq.* die timebo, ego in te confidam. *Clarius Sym. & Hier.* in quacumque die timebo, ego in te confidam.

([c]) *Hebr.* In Deo laudabo verbum ejus, *id est ,*

Deum laudabo propter verbum ejus; *vel ,* Deo summa est in dictis fides, eamque semper prædicabo.

([d]) יעצבו, dolore afficiunt ; *id est ,* res meas, & acta contristant ; contumeliosè detorquent, & depravant.

([e]) *Hebr.* conveniunt.

condent (a) : ipsi calcaneum meum observabunt ;

Sicut (b) sustinuerunt animam meam. ℣. 8. Pro (c) nihilo salvos facies illos : in ira populos confringes (d),

Deus. ℣. 9. Vitam meam annuntiavi (e) tibi : posuisti lacrymas meas in (f) conspectu tuo.

Sicut (g) & in

mes pas comme des hommes qui cherchent à m'ôter la vie.

℣. 8. Leur iniquité demeurera-t-elle impunie ? ô Dieu, précipitez dans votre colére cette * multitude de méchans.

* *Lett.* ces peuples.

℣. 9. Vous tenez un compte éxact des mouvemens les plus secrets de mon cœur : vous recüeillez avec soin mes larmes †.

Mais je sai qu'elles

(a) abscondunt se

(b) *Hebr.* dum expectant animam meam. Id est, dùm id unum expectant, ut vitam mihi eripiant.

(c) *Hebr.* super iniquitate evasio erit illis? LXX & Hier. legerunt אין *nihil*, pro און, iniquitas.

(d) Hebr. *descendere facies.* LXX, καταξεις; ab καταγω, deorsum duco ; non à καταγνυω, frangere.

(e) *Hebr.* fugam meam

numerasti. In numerato habes omnes discursationes meas. *Sym.* & *Hier.* legerunt נדי, secretiora mea, pro נדי fugam meam.

(f) *Hebr.* in utre tuo : id est, non pateris lacrymas meas in terram diffluere, sed eas velut in utre diligenter asservas, ac colligis.

(g) *Hebr.* an non in libro tuo sunt ?

† *A la Lettre* ; mettez mes larmes dans votre vase.

font écrites dans votre livre : ℣. 10. Que mes ennemis tombent à la renverse.

Au jour que je crierai vers vous, je sai que Dieu est pour moi.

℣. 11. (L'immobilité de) la parole de Dieu fera le sujet de mes loüanges : (l'immobilité de) la parole de Dieu fera le sujet de mes loüanges.

℣. 12. J'espere en Dieu : je ne crains point tout ce que l'homme me pourra faire.

℣. 13. Je me regarde (déja) ô mon Dieu, comme redevable des vœux que je vous ai faits : il ne me reste qu'à vous

promissione tua ℣. 10. *tunc convertentur inimici mei retrorsùm.*

In quacumque die invocavero te : ecce cognovi quoniam Deus (a) *meus es.*

℣. 11. *In* (b) *Deo laudabo verbum ; in Domino laudabo sermonem:*

℣. 12. *in Deo speravi : non timebo quid faciat mihi homo.*

℣. 13. *In* (c) *me sunt Deus vota tua : quæ reddam laudationes tibi.*

(a) *Hebr.* Deus est mihi : id est, à partibus meis stat.

(b) Vide versum 5. supra.

(c) *Hebr.* super me

[sunt] Deus vota tua ; id est, vota quæ tibi in hoc exilio numcupavi, persolvenda mihi sunt, quia jam salutem consecuturum me puto.

℣. 14. *Quoniam eripuisti animam meam de morte, & pedes meos de lapsu : ut placeam* (ᵃ) *coram Deo in lumine viventium.*

℣. 14. Parce que vous avez préservé mon ame de la mort , & mes pieds de la chûte : afin que je marche devant Dieu dans la lumiere des vivans.

rendre des actions de graces.

(ᵃ) *Hebr.* ut ambulem ; id est, ut adhuc te colere in hac vita possim. Nam ambulare coram Deo est, ei servire, ministrare , mandata ejus servare.

Ocasion et sujet du Pseaume.

David averti par Jonathas de la résolution que Saül avoit prise de le faire mourir, s'étoit retiré dans la ville de Geth : mais y aïant été reconnu & arrêté, il fut dénoncé au Roi Achis, comme le plus grand ennemi des Philiſtins. Dans un danger ſi preſſant, le Prophéte adreſſe à Dieu cette priere, & nous fournit un modéle excélent de celle que nous devons faire en de pareilles circonſtances.

I. Rois, XXI.

Quoique David ne trouve partout que des ennemis qui cherchent les moïens de le perdre, il n'en comte pas moins ſur la certitude des promeſſes de Dieu, qui lui aſſurent la vie, la liberté, & le Trône. En comparant la protection du Très-haut, avec les menaces d'une troupe d'hommes foibles & mortels, aucun danger n'eſt capable de l'éfraïer. Il voit avec reconnoiſſance, que pendant que la vengeance du juſte Juge les renverſe & les diſſipe ; la bonté de Dieu eſt atentive à tenir un comte éxact des mouvemens les plus ſecrets de ſon cœur, à ne laiſſer tomber en terre

♯. 2-12.

aucune de ses larmes, & à écrire tous ses gémissemens dans son livre éternel.

v. 13-14.   Dans une assurance si consolante, il n'a plus qu'à rendre à son Libérateur ses vœux & ses actions de graces, & qu'à passer le reste de ses jours sous ses yeux dans les exercices de la vertu & de la piété.

PSEAUME LVI.

℣. 1. POur le premier des Chantres. Ne détruisez pas; ou, n'exterminez pas. Mystére pour David, lorsqu'il se retira dans la caverne pour fuïr Saül.

℣. 2. Aïez pitié de moi, mon Dieu, aïez pitié de moi : car mon ame met son espérance en vous.

J'espérerai sous l'ombre de vos aîles : jusqu'à ce que le tems de la violence soit passé.

℣. 3. Je crierai vers Dieu, vers le Très-haut, vers le Dieu puissant, qui acomplira en moi (ses miséricordes.)

℣. 1. IN finem, Ne disperdas, David in tituli inscriptionem, cùm fugeret à facie Saül in speluncam.

℣. 2. Miserere mei, Deus, miserere mei : quoniam in te confidit anima mea.

Et in umbra alarum tuarum sperabo : donec transeat iniquitas (a).

℣. 3. Clamabo ad Deum Altissimum : Deum qui benefecit (b) mihi.

(a) *Hebr.* ærumnæ, pravitates, calamitates, infortunia.

(b) *Hebr.* גמר, perfecit, absolvit, nempe misericordiam suam quâ ergà me totus usus est, ac regnum pollicitus. LXX & Vulg. legerunt גמל, pro גמר.

℣. 4. *Misit de Cælo, & liberavit me ; dedit in opprobrium conculcantes* (a) *me.*

Misit Deus misericordiam suam & veritatem suam : ℣. 5. *& (b) eripuit animam* (c) *meam de medio catulorum leonum ; dormivi* (d) *conturbatus.*

Filii hominum dentes eorum arma & sagitta : & lingua eorum gladius acutus.

℣. 6. *Exaltare super cælos Deus : & in omnem terram gloria tua.*

℣. 4. Il enverra du Ciel, & me délivrera : il couvrira de honte ceux qui me veulent dévorer. Sélah.

Il enverra sa miséricorde & sa vérité (à mon secours :) ℣. 5. Mon ame est au milieu des lions, elle est parmi des hommes enflamés de colére.

Leurs dents sont comme des lances & des dards : leurs langues sont comme des épées tranchantes.

℣. 6. Mon Dieu, élevez-vous au-dessus des Cieux : & faites éclater votre gloire par toute la terre.

(a) *Hebr.* absorbentes me.

(b) *& eripuit,* absunt in Hebræo.

(c) *Hebr.* anima mea in medio catulorum leonum.

(d) *Hebr.* Jacco, cubo [repet. ex membro præcedente in medio] flammantium, id est, filiorum hominum, odio implacabili adversus me exardescentium.

℣. 7.

℣. 7. Ils ont tendu un filet à mes piés ; & mon ame étoit prête d'y tomber.

Ils m'ont creusé une fosse : & ils y tomberont eux-mêmes.

℣. 8. Mon cœur est rassuré, mon Dieu, mon cœur est rassuré : je chanterai vos loüanges , & je vous ofrirai de saints cantiques.

℣. 9. Réveillez-vous, ma gloire, réveillez-vous ma harpe & ma lyre : je me réveillerai dès le point du jour.

℣. 10. Je vous rendrai de publiques actions de graces parmi les peuples: & je chanterai vos loüanges parmi les Nations ;

℣. 11. Parce que vo-

℣. 7. *Laqueum paraverunt pedibus meis : & incurvaverunt animam meam.*

Foderunt ante faciem meam foveam : & inciderunt in eam.

℣. 8. *Paratum cor meum Deus , paratum cor meum: cantabo , & psalmum dicam.*

℣. 9. *Exurge , gloria (ᵃ) mea , exurge psalterium & cithara : exurgam diluculo.*

℣. 10. *Confitebor tibi in populis , Dómine : & psalmum dicam tibi in gentibus.*

℣. 11. *Quoniam*

(ᵃ) vel est , anima mea: vel , lingua mea quâ Dei gloriam celebrare te-neor; vel cithara mea, quæ est meum decus.

magnificata est usque ad Cœlos misericordia tua : & usque ad nubes veritas tua.

℣. 12. Exaltare super Cœlos Deus : & super omnem terram gloria tua.

tre miséricorde est élevée jusqu'aux Cieux ; & votre vérité jusqu'aux nuées.

℣. 12. Mon Dieu, élevez-vous au-dessus des Cieux : & faites éclater votre gloire sur toute la terre.

OCASION ET SUJET DU PSEAUME.

David, craignant de tomber entre les mains de Saül, s'étoit retiré dans la caverne d'Odollam *, ou dans celle d'Engaddi †; & y vivoit dans un danger continuel d'être pris avec les siens, & de perdre la vie. Une situation si pénible, au milieu des plus vives alarmes, fournit la matiere à ce Pseaume, qui renferme deux Parties.

* I. Rois, XXII.
† I. Rois, XXIV.

Dans la premiere, le Prophéte, pour s'atirer la compassion de Dieu, lui expose d'un côté la ferme confiance qu'il ne cessera d'avoir en la protection seule du Très-haut, jusqu'à ce qu'il ait fini ses épreuves, & qu'il ait acompli par un prodige éclatant la promesse de le faire régner. D'un autre côté, il lui représente les artifices & la fureur de ses ennemis, & la malice de leurs calomnies ; & il le prie de manifester sa gloire dans toute la terre, par l'éclat de leur punition, & de sa délivrance.

I. PARTIE. ℣. 2-7.

Dans la seconde Partie, David pleinement rassuré par ces pensées, se prépare à célébrer les loüanges de son

II. PART. ℣. 8-11.

M ij

Libérateur. Il invite l'esprit de Prophétie qui anime sa voix & sa harpe, à sortir de l'engourdissement que le sentiment de ses miséres lui avoit causé, & à ne point diférer de chanter devant tous les peuples des Cantiques d'actions de graces, en reconnoissance d'une miséricorde, aussi gratuite dans ses promesses, que fidelle dans leur acomplissement ; & digne par ces caractéres de l'admiration du ciel & de la terre.

PSEAUME LIX.

℣. 1. POur le premier des Chantres, sur les instrumens à six cordes. Mystére pour David, pour servir d'instruction ;

℣. 2. Lorsqu'il faisoit la guerre contre les Syriens de la Mésopotamie, & contre la Syrie de Soba, & que Joab en revenant (de cette expédition) défit douze mille Iduméens dans la vallée des Salines.

℣. 3. Mon Dieu, vous nous avez rejétez : vous avez renversé nos remparts : vous nous avez

℣. 1. IN finem, pro (a) his qui immutabuntur ; in tituli (b) inscriptionem ipsi David in doctrinam :

℣. 2. Cum (c) succendit Mesopotamiam Syriæ, & Sobal, & convertit Joab, & percussit Idumæam in valle Salinarum duodecim millia.

℣. 3. Deus, repulisti nos, & destruxisti (d) nos, iratus es, & mi-

---

(a) Vide titulum Psal. XLIV.

(b) Vide titulum Psal. XV.

(c) sic LXX, Lat. Sym. ab נצת, succendit, Hebr. & Hier. cum certaret, à נצה, involavit, rixam excitavit.

(d) Hebr. perrupisti nos.

fertus es nobis.

℣. 4. *Commo-*
visti terram, & (a)
conturbasti eam :
sana contritiones
ejus, quia (b) *com-*
mota est.

℣. 5. *Ostendisti*
populo tuo dura :
potasti nos vino (c)
cumpunctionis.

℣. 6. *Dedisti*
metuentibus te sig-
nificationem, ut fu-
giant à facie (d)
arcûs ;

Ut liberentur di-
lecti tui. ℣. 7. *Sal-*
vum fac dextera

---

fait sentir votre colére :
maintenant revenez à
nous.

℣. 4. Vous avez fait
trembler la terre, vous
l'avez entr'ouverte : guérissez ses plaies*, parce
qu'elle est toute ébran-
lée : *ou*, elle menace ruine.

℣. 5. Vous avez fait
éprouver à votre peu-
ple les maux les plus
durs : vous nous avez
enyvrés du vin (de votre
colére) qui nous rem-
plit de trouble.

℣. 6. Vous avez élevé
un étendart devant ceux
qui vous craignent, afin
qu'ils s'y réfugient de
devant l'arc (prêt à les
percer.) Sélah.

℣. 7. Et pour tirer du
péril vos bien - aimés,
Sauvez-nous par votre

---

* *Lett.* ses ruptures.
(a) *Hebr.* diffregisti
eam.
(b) *Hebr.* nutat, vacillat.
(c) *Hebr.* horroris, tremoris, à רעל, tremuit.
(d) *Hebr.* קשש, veri-
tas. *Aq.* firmitas. LXX &
Hier. legerunt קשת, ar-
cus. *Sym.* sagittæ.

droite, & éxaucez-nous.

℣. 8. Dieu m'a parlé dans son sanctuaire : je serai dans la joïe. Je partagerai les champs de Sichem ; & je disposerai de la vallée de Socoth.

℣. 9. Galaad & Manassé seront à moi : & Ephraïm sera ma principale force : Juda donnera des Loix en mon nom.

℣. 10. Moab sera le vaisseau où je laverai mes piés : Je foulerai aux

tua, & exaudi (a) me.

℣. 8. Deus locutus est in (b) sancto suo : lætabor, & (c) partibor Sichimam, & convallem (d) tabernaculorum metibor.

℣. 9. Meus est Galaad, & meus est Manasses ; & Ephraïm fortitudo capitis mei :

Juda (e) rex meus : ℣. 10. Moab (f) olla spei mea.

(a) *Hebr.* nos. Mais les Massorets avertissent qu'il faut lire, *me,* comme les LXX עַנֵּנִי pour עַנֵּנוּ, & dans le Ps. CVII. ℣. 7

(b) *ou,* sanctuario suo. S. Hier.

(c) ita certus sum de victoriâ, ut non dubitem quin agros, quos possideo, liceat mihi pro nutu dividere.

(d) *Hier.* Socoth, urbs.

(e) מְחֹקְקִי, participium *piel, legislator meus,* scriba *meus ; id est,* tribus Juda, quæ suppeditat principes qui jura decernant, sub imperio meo est.

(f) *Hebr.* olla lotionis meæ, *id est,* ad vilissima officia utar eorum

In Idumæam extendam (a) calceamentum meum : mihi (b) alienigenæ (c) subditi sunt.

piés l'Idumée : & toi, Palestine, réjoüis-toi de ce que tu m'es soumise. *Ou* : Je vois avec des transports de joïe que la Palestine m'est soumise : *ou* ; je pousserai des cris de joïe sur (la défaite de) la Palestine.

℣. 11. Quis deducet (d) me usque in Civitatem munitam? Quis deducet me usque in Idumæam?

℣. 11. Qui me fera entrer en triomphe dans la Ville forte ? Qui me conduira dans l'Idumée ?

℣. 12. Nonne tu Deus, qui repulisti nos : & non egredieris Deus in virtutibus nostris.

℣. 12. Ne sera-ce pas vous, ô mon Dieu ? hélas ! vous nous rejétez maintenant : vous ne marchez plus à la tête de

---

operâ. LXX. & Sym. legerunt רחץ *rekats*, quod Chald. significat *speravit*, pro רחץ *rakats*, lavare. *Hier.* lavacri mei.

(a) *Hebr.* projiciam.
(b) *Hebr.* Philistini.
(c) *Hebr.* super me Palestina jubila, clange. Pagnin: vociferare, à רוע, quod est ironicè dictum

Vel, עלי *pro-me*, עלי *super* ut in Psal. CVII. *id est*, super Palestina jubilabo, clangentem agam, *& ita hic Chald.* & tunc sermo refertur, vel ad, ô *anima mea*, vel ad, ô *congregatio Israel*.

(d) יבל deducet cum pompa & triumpho.

nos armées.

℣. 13. Secourez-nous vous-même dans notre afliction. Car c'est en vain qu'on atendroit de l'homme son salut.

℣. 14. C'est par le secours de Dieu que nous ferons de grandes choses : ce sera lui qui foulera aux piés nos ennemis.

℣. 13. *Da nobis auxilium de tribulatione : quia vana salus hominis.*

℣. 14. *In Deo faciemus virtutem : & ipse ad nihilum deducet tribulantes nos.*

OCASION ET SUJET DU PSEAUME.

Le titre du Pseaume, comparé avec les Chapitres VIII du second Livre des Rois, & le XVIII du premier Livre des Paralipomenes, en marque assez clairement l'ocasion.

David venoit à peine de soumettre les Philistins, & de punir les Moabites, qu'il aprend qu'Adareser Roi des Syriens de Soba, soutenu des forces des Syriens de Damas, marche contre lui avec de puissantes armées; & qu'après avoir jété partout l'épouvante, il s'est déja ouvert une entrée dans les frontiéres du Roïaume, & qu'il menace de ravager le reste, en réveillant l'animosité des Iduméens, & de tous les peuples voisins.

℣. 3-7. Sur des nouvelles si éfraïantes, le Prophéte se plaint à Dieu d'avoir, dans sa colére, rejété son peuple bien-aimé, de l'avoir exposé aux traitemens les plus durs des infidéles, de ne plus combatre pour sa défense, de ne lui pas même donner de signal, comme autrefois, pour se mettre à couvert de l'invasion des ennemis. Il le conjure de reprendre la protection de son peuple, de foutenir l'Etat chancelant, & de réparer fes pertes.

Mais tout d'un coup David ranime ℣. 8-10. fon courage, & reprend des fentimens de joïe, par le fouvenir de la promeffe que Dieu lui a faite, que non-feulement il régnera fouverainement fur toutes les Tribus d'Ifraël, fans que rien lui en puiffe faire perdre la moindre partie, ni altérer la forme de fon gouvernement; mais qu'il étendra fon Empire, & qu'il s'affujétira tous fes ennemis, comme la plûpart le font déja.

Les Iduméens reftent encore à domter. ℣. 11-14. Que peuvent toute la force & toute l'induftrie des hommes, pour pénétrer dans des fortereffes placées fur des hauteurs inacceffibles, & pour terraffer des ennemis fi redoutables? Il n'y a d'efpérance d'y réüffir, qu'en fe mettant fous la conduite de Dieu même, & qu'en n'atendant la victoire que de lui feul.

P S E A U M E L X.

℣. 1. *IN finem, in Hymnis* (a) *, David.*

℣. 1. POur le premier des Chantres, sur les instrumens à corde, (Pseaume) de David.

℣. 2. *Exaudi Deus , deprecationem meam : intende orationi meâ.*

℣. 2. Mon Dieu , écoutez mes cris : & rendez-vous atentif à ma priere.

℣. 3. *A finibus terræ ad te clamavi : dum anxiaretur* (b) *cor meum, in petra exaltasti* (c) *me,*

℣. 3. Je crie vers vous des extrémitez de la terre, lorsque mon cœur se trouve dans la défaillance : conduisez - moi sur une haute roche où je ne pourrois monter de moi-même.

deduxisti me. ℣. 4. *Quia factus es spes mea : turris fortitudinis à facie inimici.*

℣. 4. Car vous êtes mon azile : vous êtes pour moi une forte tour, & inaccessible à mes ennemis.

℣. 5. *Inhabita-*

℣. 5. Je demeurerai

(a) *Hebr.* super instrumentis pulsatilibus.

(b) *Hebr.* operiri ,

obrui, deficere, deliquium pati.

(c) *Hebr.* exalta præ me.

pour jamais dans votre Tabernacle : je me réfugierai sous l'ombre de vos aîles. Sélah.

℣. 6. O Dieu, vous avez éxaucé mes vœux : vous m'avez donné l'héritage de ceux qui craignent votre nom.

℣. 7. Ajoutez jours sur jours à la vie du Roi : que ses années égalent la durée des siécles.

℣. 8. Qu'il demeure éternellement assis devant Dieu : préparez-lui la miséricorde & la vérité : ce sont elles qui le

bo in Tabernaculo tuo in sacula : protegar in velamento alarum tuarum.

℣. 6. Quoniam tu Deus meus exaudisti orationem meam : (a) dedisti hæreditatem timentibus nomen tuum.

℣. 7. Dies super dies Regis adjicies : annos ejus (b) usque in diem generationis & generationis.

℣. 8. Permanet (c) in æternum in conspectu Dei : misericordiam & veritatem (d) ejus

----

(a) *Hebr.* dedisti hæreditatem timentium nomen tuum.

(b) *Hebr.* anni ejus [sint] sicut generatio & generatio.

(c) *Hebr.* sedeat.

(d) in Hebræo abest, *ejus* ; & legitur מן, quod est imperativum Chald. loco, הכין, per apocopen, *prapara,* seu *constitue :* quod LXX verterunt, *quis.*

N iij

quis requiret (ª).

℣. 9. Sic psalmum dicam nomini tuo in sæculum sæculi : ut reddam vota mea de die in diem

conserveront.

℣. 9. Ainsi je chanterai éternellement des hymnes à la gloire de votre nom : pour m'aquiter chaque jour des vœux que je vous ai faits.

(ª) *Hebr.* conservabunt eum.

OCASION ET SUJET DU PSEAUME.

David, bani de Jérusalem & de la ℣. 2-4.
présence de l'Arche, poussé par Absalom jusques aux extrémités de la terre d'Israël , & n'y tenant plus que
par un point, demande avec instance ,
que, dans la détresse où il est , Dieu
écoute sa priere, & qu'il devienne lui-
même un azile inaccessible aux ata-
ques de ses ennemis ; comme il l'a
souvent été jusqu'à ce jour.

Il est plein de confiance , qu'en ℣. 5. 6.
vertu de ses priéres, la possession du
saint héritage , promis aux adorateurs
du vrai Dieu, lui sera rendue; qu'il sera rétabli dans le séjour tranquile du
Tabernacle ; & qu'il s'y reposera à
l'ombre des aîles de son Protecteur ,
sans en pouvoir être désormais arraché.

Il prie Dieu de prolonger sa vie & ℣. 7. 9.
son régne de génération en génération ,
de le maintenir sur le trône comme
le Roi qu'il a donné à son Peuple pour
toujours ; & de lui conserver sa miséricorde qui lui a tout promis , &
sa vérité qui a tout acompli. Après
de telles faveurs, son ocupation unique sera de lui rendre ses vœux, &

N iuj

de lui chanter d'éternelles actions de
graces.

SECOND SENS.

Les expreſſions de ce Pſeaume pa-
roiſſent trop auguſtes aux Peres de l'E-
gliſe, pour être bornées à la ſeule perſonne de David. Il ne convient pas à
ce Prince d'adreſſer à Dieu ſes priéres des extrémitez de la terre, de demeurer à jamais dans le Tabernacle
du Seigneur, d'être apellé le Roi par
excélence ; auquel tous les ſiécles s'in-
téreſſent, à qui toutes les bénédictions ſont dûës ; & d'être éternellement aſſis ſur le Trône en la préſence de Dieu.

Ces caractéres neſont propres qu'au
Meſſie, comme les Rabins mêmes,
& la Paraphraſe Chaldaïque le re-
connoiſſent ; & c'eſt en JESUS-
CHRIST ſeul que tout ce Pſeaume
trouve ſon véritable acompliſſement.
Il eſt méconnu par tout le Peuple
d'Iſraël, quoiqu'il en ſoit le Roi : il
en eſt rejété & pourſuivi à mort. Il
paroît ſéparé de Dieu, comme David de l'Arche, & en porter l'anathême par l'abandon de ſon Pere. Mais
aprèscette courte épreuve, il eſt éta-

bli pour toujours le maître de la Maison de Dieu, & de l'héritage des Saints.
Il est seul le Roi des siécles : seul assis à la droite du Pere, comme Mé-
diateur, comme Juge, comme Pon-
tife : seul dispensateur d'une miséricorde qui a racheté l'homme coupable, & d'une vérité qui lui a promis
une félicité éternelle : & seul digne
de recevoir honneur, gloire, loüanges dans tous les siécles des siécles.

PSEAUME LXIII.

℣. 1. *IN finem, Psalmus David.*

℣. 2. *Exaudi, Deus, orationem meam, cùm deprecor : à timore inimici eripe animam meam.*

℣. 3. *Protexisti me à (a) conventu malignantium : à (b) multitudine operantium iniquitatem.*

℣. 4. *Quia exacuerunt, ut gladium, linguas suas : intenderunt (c) arcum, rem amaram,* ℣. 5. *ut sagittent*

℣. 1. AU premier des Chantres, Pseaume de David.

℣. 2. Mon Dieu, écoutez ma voix, lorsque je vous adresse mes priéres : & délivrez mon ame de la crainte de mon ennemi.

℣. 3. Mettez-moi à couvert des intrigues des méchans, & des assemblées tumultueuses des hommes injustes.

℣. 4. Ils aiguisent leurs langues comme une épée : leurs paroles empoisonnées, sont comme des fléches toujours prêtes ℣. 5. à percer en sé-

---

(a) *Hebr.* מסוד , ab arcano, secreto, à consilio. Sic *Hier. Sym.*

(b) *Hebr.* cœtus frequens, tumultuosus.

(c) *Hebr.* retenderunt [sicut] sagittam suam, verbum amarum. *Hier.*

cret l'homme de bien.

℣. 6. Ils percent tout à coup, sans être retenus par aucune crainte : ils s'endurcissent dans leurs desseins criminels.

Ils concertent ensemble les moïens de leur tendre des piéges sécrets : ils se disent l'un à l'autre, qui les pourra découvrir ?

℣. 7. Ils cherchent avec soin les moïens de nuire : ils emploïent tout l'art de la malice la plus rafinée.

Ils épuisent tout ce que l'esprit humain, & le cœur le plus profond, peuvent imaginer.

in occultis immaculatum.

℣. 6. *Subitò sagittabunt eum, & non timebunt ; firmaverunt* (ᵃ) *sibi sermonem nequam.*

Narraverunt, ut absconderent laqueos : dixerunt, quis videbit eos ?

℣. 7. *Scrutati sunt iniquitates : defecerunt* (ᵇ) *scrutantes* (ᶜ) *scrutinio.*

(ᵈ) *Accedet homo ad cor altum :* ℣. 8. *& exaltabitur* (ᵉ) *Deus.*

(ᵃ) *Hebr.* obfirmant sibi rem malam

(ᵇ) *Hebr.* confummarunt, perfecerunt.

(ᶜ) *Hebr.* scrutationem perscrutatam, id est, exquisitissimam, callidissimam.

(ᵈ) *Hebr.* intimum viri & cor profundum, *nempe,* confummarunt, è superiori membro.

(ᵉ) ירבם, *sagittis petit,* ab ירה jaculis *petere.* LXX legerunt ירם, ab רום, exaltari.

Sagittæ (a) *parvulorum factæ sunt plagæ eorum :* ꝟ. 9. *&* (b) *infirmatæ sunt contrà eos lingua eorum.*

ꝟ. 8. Mais Dieu les percera tout à coup de ses fléches ; ils se trouveront tout à coup frapés de ses plaïes.

ꝟ. 9. Ce sera leur langue même qui précipitera leur chûte.

Conturbati (c) *sunt omnes, qui videbant eos :* ꝟ. 10. *& timuit omnis homo.*

Tous ceux qui seront témoins de leur ruine, saisis de trouble, fuiront de toutes parts. ꝟ. 10. Tous les hommes seront pénétrés de fraïeur : ils publieront l'œuvre de Dieu : & ils comprendront que c'est un éfet de sa puissance.

Et (d) *annuntiaverunt opera Dei : & facta ejus intellexerunt.*

ꝟ. 11. *Lætabitur justus in Domino, & sperabit in eo ; & laudabuntur omnes recti corde.*

ꝟ. 11. Le juste se réjoüira dans le Seigneur, & mettra son espérance en lui : & tous ceux qui ont le cœur droit, se glorifieront en lui.

(a) *Hebr.* subitò. LXX legerunt פתאים, *parvuli*, pro פתאם *subitò*, mutatis punctis. Sic *Aq. & Sym.*

(b) impingere fecerunt ipsum ; ruere, labi fecerunt eum linguæ eorum.

Aq. Sym. Hier.

(c) præ timore, & perturbatione, huc, illuc, vagi fugient.

(d) Omnia verba à versu 8. in futuro vertenda sunt.

Ocasion et sujet du Pseaume.

David, obligé de se dérober par la fuite de la Cour de Saül, prie Dieu de le délivrer de la crainte continuelle d'une mort prochaine; & de le mettre à couvert des complots sécrets, qu'une troupe tumultueuse d'envieux& de calomniateurs, qui grossissoit tous les jours, formoit impunément contre lui avec une profonde malice, quoiqu'il n'eût ofensé aucun d'eux. ℣. 2-7.

Il prédit que Dieu fera retomber tout d'un coup sur eux-mêmes tous les maux qu'ils s'éforcent de lui atirer par leurs artifices. Au spectacle d'une ruine si inopinée & si funeste, tous seront saisis d'éfroi, & reconnoîtront la main puissante d'un Dieu vangeur. Les gens de bien en prendront un nouveau motif de se glorifier de la protection de Dieu, & de s'animer de plus en plus à ne mettre leur confiance qu'en lui seul. ℣. 8-11.

Second Sens.

Les Saints Peres, & la plûpart des modernes, font l'aplication de ce Pseaume à Jesus-Christ, dont David n'est ici que la figure & l'interpréte : chaque fidéle est en droit de le répéter, après ce divin Chef, dans de semblables circonstances.

PSEAUME LXV.

℣. 1. *Canticum in finem Psalmi* (ª) *resurrectionis.*

Jubilate Deo omnis terra, ℣. 2. *Psalmum dicite nomini ejus : date gloriam laudi ejus.*

℣. 3. *Dicite Deo, quàm terribilia sunt opera tua Domine ! in multitudine virtutis tuæ mentientur tibi inimici tui.*

℣. 4. *Omnis terra adoret te, &*

℣. 1. AU premier des Chantres, Pseaume & Cantique.

Peuples de toute la terre, poussez vers Dieu des cris d'alégresse : ℣. 2. Chantez des hymnes à la gloire de son nom : mettez votre gloire à le loüer.

℣. 3. Dites à Dieu, que vous êtes terrible dans vos œuvres ! vous convaincrez de mensonge par la grandeur de votre puissance vos ennemis (qui en doutoient) : *ou mieux,* vos ennemis n'oposent à la grandeur de votre puissance que de vains éforts.

℣. 4. Que toute la terre vous adore : qu'elle

____

(ª). abest in Hebræo.

chante vos loüanges : qu'elle reléve votre nom par ses cantiques. Sélah.

℣. 5. Venez, & voïez les œuvres de Dieu : & combien il est terrible en sa conduite sur les enfans des hommes.

℣. 6. Il a séché la mer, il a fait passer le fleuve à pié sec : c'est-là que nous nous sommes réjoüis en lui.

℣. 7. Il domine dans tous les siécles par sa puissance ; ses yeux sont atentifs sur les Nations : que ceux qui lui sont rébéles, ne s'élévent point d'orgüeil. Sélah.

℣. 8. Peuples, bénissez notre Dieu : & faites retentir partout sa loüan-

---

psallat tibi : psalmum dicat nomini tuo.

℣. 5. Venite, & videte opera Dei : terribilis in consiliis super filios hominum.

℣. 6. Qui convertit mare in aridam, in flumine pertransibunt (ᵃ) pede : ibi lætabimur (ᵇ) in ipsa.

℣. 7. Qui dominatur in virtute suâ in æternum, oculi ejus super gentes respiciunt : qui exasperant (ᶜ), non exaltentur in semetipsis.

℣. 8. Benedicite gentes Deum nostrum : & auditam

(ᵃ) vertendum in præterito.

(ᵇ) lætati sumus.

(ᶜ) סוררים, refracta- rii contumaces. Aq. qui abscedunt. Sym. inobsequentes. Hier. increduli.

facite vocem laudis ejus.

℣. 9. *Qui posuit animam meam* (a) *ad vitam: & non dedit in commotionem pedes meos* (b).

℣. 10. *Quoniam probasti nos Deus: igne nos examinasti, sicut examinatur argentum.*

℣. 11. *Induxisti nos in laqueum, posuisti tribulationes* (c) *in dorso nostro:* ℣. 12. *imposuisti* (d) *homines* (e) *super capita nostra.*

Transivimus per ignem & aquam: & eduxisti nos in refrigerium (f).

ge.

℣. 9. C'est lui qui a mis notre vie en sûreté: & qui n'a pas permis que nos piés fussent ébranlés.

℣. 10. Car vous nous avez fondés, mon Dieu: vous nous avez éprouvés par le feu, comme on éprouve l'argent.

℣. 11. Vous nous avez fait tomber dans les filets: vous avez acablé nos épaules de pesans fardeaux ; ℣. 12. vous avez mis sur nos têtes des hommes méprisables.

Nous avons passé par le feu & par l'eau : & vous nous avez mis ensuite dans un lieu de ra-

---

(a) *Hebr.* nostram.

(b) *Hebr.* nostros.

(c) *Hebr.* angustiam, pressuram.

(d) *Hebr.* equitare fecisti, vehi fecisti, vehendum imposuisti.

(e) אנש, hominem infirmum, vilem.

(f) *Hebr.* in irriguum. LXX εἰς ἀναψυχὴν, forte legerunt לרויה pro לרוחה, ob vocum similitudinem.

fraîchissement.

fraîchiſſement.

℣. 13. J'entrèrai dans votre maiſon pour vous ofrir des holocauſtes : Je vous y rendrai les vœux ℣. 14. que mes lévres ont prononcés ,

& que ma bouche vous a faits ; lorſque j'étois dans l'afliction.

℣. 15. Je ferai monter vers vous l'odeur des holocauſtes les plus gras : je brûlerai ſur votre autel la graiſſe des béliers : je vous ſacrifierai des bœufs & des boucs. Sélah.

℣. 16. Venez , écoutez, vous tous qui craignez Dieu : je vous raconterai tout ce qu'il a fait en ma faveur.

℣. 17. Ma bouche a crié vers Dieu : & ma langue l'a glorifié.

℣. 13. *Introibo in domum tuam in holocauſtis : reddam tibi vota mea,* ℣. 14. *quæ diſtinxerunt* (ᵃ) *labia mea.*

Et locutum eſt os meum in tribulatione mea.

℣. 15. *Holocauſta medullata offeram tibi cum incenſo arietum : offeram tibi boves cum hircis. Seláh.*

℣. 16. *Venite , audite , & narrabo omnes , qui timetis Deum : quanta fecit animæ meæ.*

℣. 17. *Ad ipſum ore meo clamavi : & exaltavi* (ᵇ) *ſi.b linguâ meâ.*

(a) Hebr. *aperuerunt.* | ſuit , idem ſenſus.
(ᵇ) *Hebr.* exaltatus |

Tome V.   O

℣. 18. *Iniquitatem ſi aſpexi in corde meo , non exaudiet Dominus.*

℣. 18. Si j'avois reconnu mon cœur coupable de quelqu'iniquité , le Seigneur ne m'auroit pas éxaucé.

℣. 19. (a) *Proptereà exaudivit Deus : & attendit voci deprecationis mea.*

℣. 19. C'eſt pourquoi Dieu m'a éxaucé : & il s'eſt rendu atentif à la voix de ma priére.

℣. 20. *Benedictus Deus , qui non amovit orationem meam , & miſericordiam ſuam à me.*

℣. 20. Béni ſoit Dieu , qui n'a point rejété ma priére , ni retiré de moi ſa miſéricorde.

(a) *Hebr.* אכן , *profectò.* LXX & Vulg. legerunt על־כן , *proptereà.*

SUJET DU PSEAUME.

La plûpart des Interprétes anciens & modernes, apliquent ce Pseaume aux Juifs délivrés de la captivité de Babylone, & leur font chanter ce Cantique d'actions de graces dans le tems, qu'afranchis par l'Edit de Cyrus des maux d'une longue servitude, ils marchent avec joïe vers Jérusalem sous la protection de Dieu.

Ce retour glorieux, que nous savons par d'autres Pseaumes avoir été fort connu du Prophéte, peut avoir servi de modéle dans la composition de celui-ci : mais il n'en est pas le principal objet. David ne se borne pas dans ses magnifiques expressions, au sort d'un peuple haï & méprisé de tous les autres, & auquel toute la terre ne prenoit aucun intérêt. Il porte ses vûës infiniment plus loin. Il voit en esprit tout l'Univers converti, & les Nations infidelles changées en véritables adorateurs. Il prête sa voix & ses sentimens à l'Eglise Chrétienne, & la place dans cet heureux tems, où, délivrée des cruelles persécutions du Paganisme, elle commence à être protégée, refpectée, chérie par les Empereurs, devenus fes Difciples & fes enfans ; & où la crainte & le refpect humain n'empêchent plus les-foibles & les timides d'entrer dans fon fein.

℣. 1-8.   Dans ces circonftances, l'Eglife de Jesus-Christ invite toute la terre à prendre part à une joïe commune & univerfelle. Elle exhorte tous les Peuples à bénir le nom du Dieu unique, du vainqueur de l'idolâtrie, du vangeur de tant de fang injuftement répandu, du Juge terrible des efprits de menfonge, & de tous ceux qui en étoient le foutien. Sa puiffance eft éternelle & invincible. Tout s'abaiffe devant lui par crainte, ou par amour. Par tout l'erreur, l'impiété, la diffolution font mifes en fuite, ou font contre lui d'inutiles éforts. Sa fageffe préfide à tous les événemens, & déconcerte tous les projets contraires au falut qu'il a préparé au genre humain. Il fait pour les enfans, ce qu'il fit autrefois pour les efclaves. Il renouvelle les merveilles, dont le paffage de la Mer rouge & du Jourdain, n'étoient que de foibles images ; & il renverfera plutôt l'ordre de la nature, que d'abandonner les fiens.

℣. 9-12.   Auffi l'Eglife Chrétienne reconnoît

avec une humilité sincére , que ce
n'eſt que par le ſecours de ce puiſſant
Libérateur qu'elle s'eſt ſoutenuë dans
ſes plus dures épreuves, dans les chaî-
nes, dans les mines & les cariéres,
dans les travaux humilians , dans l'ardeur des flames, dans les ſuplices les
plus inhumains. Tous ces traitemens
injurieux, bien loin de l'abatre, n'ont
ſervi qu'à rendre ſa foi plus vive, &
ſa vertu plus pure ; & lui ont mérité
l'état de repos , de joïe, & de gloire
dont elle joüit préſentement.

Après des bienfaits ſi ſignalés , il ℣. 13-20.
ne reſte à l'Egliſe que d'en marquer ſa
reconnoiſſance par des Cantiques im-
mortels d'actions de graces , & par
l'oblation perpétuelle d'un ſacrifice qui
renferme la vertu de tous les autres ;
& d'aprendre à ſes enfans , par ſon
éxemple, & par ſes leçons, à s'adreſſer à Dieu dans leurs afflictions, à pu-
rifier leur cœur pour ſe rendre dignes
dêtre éxaucés, à lui rendre gloire de
leur patience & de leur victoire, & à
bénir ſans ceſſe avec elle une miſéricorde, qui ne s'eſt point laſſée de ſes
foibleſſes , & de ſes infidélités.

OBSERVATIONS. 1°. L'Egliſe chantera avec encore plus de vérité & de joïe
ce Cantique , lorſqu'elle paſſera pour

toujours des tentations de la terre dans la félicité du Ciel.

2°. Admirer la lumiére du Prophéte, qui prédit avec tant d'affurance & de précifion, la converfion de toute la terre, lorfque toutes les aparences étoient contraires. Preuve invincible de la divinité des Prophéties.

3°. Celui qui convertit toutes les Nations, nous eft montré comme le Dieu unique, le Tout-puiffant, l'Eternel qui difpofe de tous les événemens, feul Juge fouverain, feul Libérateur, feul digne du culte fuprême. Or la converfion des Gentils eft l'ouvrage propre de Jesus-Christ. Donc Jesus-Christ eft le Dieu unique, le Tout-puiffant, &c.

PSEAUME LXVIII.

℣. 1. AU premier des Chantres; sur * l'instrument à fix cordes : (Pseaume) de David.

℣. 2. Sauvez-moi, mon Dieu : car les eaux ont pénétré jufques dans mon ame.

℣. 3. Je fuis plongé dans un abîme de bouë : où je ne trouve point de fond.

Je fuis tombé dans le goufre des eaux : & les vagues m'ont envelopé.

℣. 4. Je m'épuife à

℣. 1. IN finem, pro iis (a), qui commutabuntur, David.

℣. 2. Salvum me fac, Deus : quoniam intraverunt aquæ ufque ad animam meam.

℣. 3. Infixus fum in limo profundi : & non eft (b) fubftantia.

Veni in altitunem maris (c) : & tempeftas (d) demerfit (e) me.

℣. 4. Laboravi

---

* Lett. les Lis.
(a) fuper liliis, id eft, inftrumentis fex chordarum. Vide titulum Pfal. XLIV.
(b) Hebr. מעמד, ftatus; non eft quâ ftetur.
(c) Hebr. aquarum.
(d) Hebr. fluxus, fluentum.
(e) Hebr. inundavit me. Immerfit me.

clamans, raucæ (a) *factæ sunt fauces meæ : defecerunt oculi mei, dum* (b) *spero in Deum meum.*

force de crier : J'en ai la gorge toute desséchée : mes yeux sont presque éteints par la longue atente où je suis, que mon Dieu vienne à mon secours : (*ou*) qui les tient atachés sur mon Dieu.

℣. 5. *Multiplicati sunt super capillos capitis mei, qui oderunt me gratis.*

℣. 5. Ceux qui me haïssent sans sujet, se sont multipliés plus que les cheveux de ma tête.

Confortati sunt, qui (c) *persecuti sunt me inimici mei injustè : quæ non rapui, tunc exolvebam.*

Ceux qui me persécutent injustement, se sont fortifiés : & je païe ce que je ne dois point.

℣. 6. *Deus tu scis insipientiam meam : & delicta* (d) *mea à te non sunt abscondita.*

℣. 6. Mon Dieu, vous connoissez ma folie : & mes péchés ne vous sont point cachés.

℣. 7. *Non erubescant in me, qui*

℣. 7. Que ceux qui mettent en vous leur

(a) חרר pro נחרר de נחר uftus, exsiccatus fuit.

(b) *Hebr.* præ expectando sperare in Deum meum.

(c) *Hebr.* conantes me succidere.

(d) *Hebr.* reatus mei.

atente , ne rougiſſent point à cauſe de moi , (*ou*, à mon ſujet), ô Seigneur , ô Dieu des armées.

Que je ne devienne point un ſujet de honte à ceux qui vous cherchent, ô Dieu d'Iſraël.

℣. 8. Car c'eſt pour l'amour de vous que je ſoufre des, (*ou*, ces) oprobres ; & que j'ai le viſage couvert de confuſion.

℣. 9. Je ſuis devenu comme un inconnu à mes freres : & comme un étranger aux enfans de ma mere.

℣. 10. Parce que le zéle de votre maiſon me dévore : & que toutes les injures qu'on vous fait, retombent ſur moi.

℣. 11. J'ai pleuré, & j'ai afligé mon ame par le jeûne : & on en a pris

expectant te , Domine : Domine virtutum.

Non confundantur ſuper me : qui quærunt te , Deus Iſrael.

℣. 8. *Quoniam propter te ſuſtinui opprobrium : operuit confuſio faciem meam.*

℣. 9. *Extraneus factus ſum fratribus meis : & peregrinus filiis matris meæ.*

℣. 10. *Quoniam zelus domus tuæ comedit me : & opprobria exprobrantium tibi ceciderunt ſuper me.*

℣. 11. *Et* (a) *operui in jejunio animam meam : &*

___

(a) *Hebr.* Et ploravi dùm jejunaret anima mea.

factum est in op-
probrium mihi.

℣. 12. *Et posui vestimentum meum* (a) *cilicium: & factus sum illis in parabolam.*

℣. 13. *Adversùm me loquebantur qui sedebant in portâ: & in me psallebant qui bibebant vinum.*

℣. 14. *Ego verò orationem meam ad te, Domine, tempus beneplaciti Deus.*

In multitudine misericordiæ tuæ exaudi me: in veritate salutis tuæ.

℣. 15. *Eripe me de luto, ut non infigar: libera me ab his qui oderunt me, & de profundis*

ocasion de me couvrir d'oprobres.

℣. 12. Je me suis revêtu d'un sac: & je suis devenu pour eux un sujet de raillerie.

℣. 13. Les Juges assis dans les (*ou*, leurs) Tribunaux parlent entre eux contre moi: & les buveurs m'ont pris pour le sujet de leurs chansons.

℣. 14. Mais moi, Seigneur, je me tourne vers vous en vous ofrant ma priére: le tems est venu de (montrer) votre bienveillance.

Mon Dieu, éxaucezmoi selon la grandeur de votre miséricorde, & selon l'assurance que vous m'avez donnée de me sauver.

℣. 15. Tirez-moi de cet abîme de bouë, afin que je n'y demeure pas enfoncé: délivrez-moi de ceux qui me haïssent;

(a) *Hebr.* saccum.

& faites-moi sortir du | *aquarum.*
fond des eaux.

℣. 16. Que je ne sois | ℣. 16. *Non* (ᵃ)
point emporté par l'im- | *me demergat tem-*
pétuosité des flots , que | *pestas. aquæ , neque*
je ne sois point englou- | *absorbeat me pro-*
ti dans ce goufre : & que | *fundum : neque* (ᵇ)
le puits ne se ferme point | *urgeat super me*
sur moi. | *puteus os suum.*

℣. 17. Exaucez-moi , | ℣. 17. *Exaudi*
Seigneur , puisque votre | *me , Domine , quo-*
bonté est si prête à faire | *niam benigna est*
du bien : tournez vos | *misericordia tua :*
regards sur moi selon la | *secundùm multitu-*
grandeur de vos miséri- | *dinem miseratio-*
cordes. | *num tuarum respi-*
 | *ce in me.*

℣. 18. Ne cachez pas | ℣. 18. *Et ne*
votre visage à votre ser- | (ᶜ) *avertas faciem*
viteur : l'afliction me | *tuam à puero tuo :*
presse : hâtez - vous de | *quoniam tribulor ,*
m'éxaucer. | *velociter exaudi*
 | *me.*

℣. 19. Aprochez-vous | ℣. 19. *Intende* (ᵈ)
de mon ame, & rache- | *animæ meæ , & li-*
tez-la : délivrez - moi à | *bera eam : prop-*

(ᵃ) idem ac versus 3. | (ᶜ) *Hebr.* abscondas.
(ᵇ) *Hebr.* claudat, oc- | (ᵈ) *Hebr.* appropin-
cludat. | qua.

...ter inimicos meos eripe me.	cause de mes ennemis.
℣. 20. *Tu scis improperium meum & confusionem meam : & (a) reverentiam meam.*	℣. 20. Vous voïez quels oprobres, quels afronts, & quelle ignominie on me fait soufrir.
℣. 21. *In conspectu tuo sunt omnes qui tribulant me : improperium (b) expectavit cor meum, & miseriam.*	℣. 21. Tous mes ennemis sont devant vos yeux : l'oprobre & l'angoisse m'ont brisé le cœur, & j'ai été acablé.
Et sustinui qui simul contristaretur, & non fuit ; & qui consolaretur, & non inveni.	J'ai atendu que quelqu'un prît part à ma douleur, & personne ne l'a fait : J'ai cherché quelqu'un qui me consolât, & je n'en ai point trouvé.
℣. 22. *Et dederunt in escam meam fel : & in siti mea potaverunt me aceto.*	℣. 22. Pour nourriture, ils m'ont donné du fiel : & dans ma soif, ils m'ont présenté du vinaigre à boire.

(a) ignominiam, pudorem.

(b) *Hebr.* opprobrium contrivit cor meum, & ægritudine affectus fui. LXX mutato puncto, legerunt שברו, expectavit : & אנושה, quasi esset nomen.

℣. 23. Que leur table, par une juste punition, leur devienne un filet; & qu'elle soit pour eux un piége.

℣. 24. Que leurs yeux soient obscurcis, afin qu'ils ne voïent point; & faites qu'ils soient toujours courbés contre terre.

℣. 25. Répandez sur eux votre indignation; & que la fureur de votre colére les poursuive (sans relâche)*.

℣. 26. Que leur forteresse soit détruite de fond en comble : & que personne n'habite plus dans leurs maisons.

℣. 23. Fiat mensa eorum coràm ipsis in laqueum : & in (a) retributiones, & in (b) scandalum.

℣. 24. Obscurentur oculi eorum ne videant : & dorsum eorum semper (c) incurva.

℣. 25. Effunde super eos iram tuam : & furor iræ tuæ comprehendat (d) eos.

℣. 26. Fiat habitatio (e) eorum deserta (f) : & in tabernaculis eorum non sit qui inhabitet.

(a) *Sym.* in ultionem, ità ut comprehendantur. *Hier.* in retributiones ad corruendum à שלם *retributio*, non à שלום *pax*.

(b) *Hebr.* in decipulam.

(c) *Hebr.* fac nutare, vacillare.

* *A la Lett.* les ateigne.

(d) *Hebr.* assequatur, attingat.

(e) *Hebr.* palatium eorum.

(f) desolata, vastata.

℣. 27. *Quoniam quem tu percussisti, persecuti sunt : & super dolorem vulnerum meorum* (a) *addiderunt* (b).

℣. 28. (c) *Appone iniquitatem super iniquitatem eorum : & non intrent in justitiam tuam.*

℣. 29. *Deleantur de Libro viventium : & cum justis non scribantur.*

℣. 30. *Ego sum pauper, & dolens* (d) *: salus tua Deus suscepit* (e) *me.*

℣. 27. Parce qu'ils ont persécuté celui que vous avez frapé : & qu'aux douleurs des plaïes que vous m'avez faites, ils en ont ajouté de nouvelles.

℣. 28. Faites-leur amasser : *ou;* qu'ils ajoutent, acumulent iniquité sur iniquité : & qu'ils n'entrent point dans votre justice.

℣. 29. Qu'ils soient éfacés du Livre des vivans : & que leurs noms ne soient point écrits parmi ceux des justes.

℣. 30. Pour moi je suis pauvre, & acablé de douleur : ô Dieu, que votre protection salutaire m'éléve (hors de la portée de leurs traits *.)

(a) *Hebr.* tuorum, id est, à te inflictorum.

(b) sic etiam LXX, qui ont lû יספר *addiderunt*, au lieu de יספרו, *narraverunt*.

(c) *Hebr.* Da.

(d) dolore confectus.

(e) *Hebr.* תשגבני, attollat me, roboret.

* *A la Lettre;* que votre salut me reléve, me fortifie.

℣. 31. Je loüerai le nom de Dieu par des Cantiques : & je le glorifierai par des actions de graces.

℣. 32. (Ce sacrifice) sera plus agréable au Seigneur , que si je lui ofrois des bœufs & des veaux , qui poussent déja des cornes & des ongles.

℣. 33. Les pauvres le verront ; & ils s'en réjoüiront ; vous en serez témoins, vous qui cherchez Dieu, & votre cœur trouvera la vie.

℣. 34. Car le Seigneur écoute les pauvres : & il ne méprise pas ses captifs.

℣. 35. Que le Ciel & la terre le loüent: la mer, & tout ce qui vit dans

℣. 31. *Laudabo nomen Dei cum Cantico : & magnificabo eum in laude.*

℣. 32. *Et placebit Deo super vitulum (ᵃ) novellum (ᵇ) : cornua producentem & ungulas.*

℣. 33. (ᶜ) *Videant pauperes & lætentur : quærite (ᵈ) Deum , & vivet anima (ᵉ) vestra.*

℣. 34. *Quoniam exaudivit pauperes Dominus: & vinctos suos non despexit.*

℣. 35. *Laudent illum Cœli & terra : mare , & om-*

(ᵃ) bovem.
(ᵇ) juvencum.
(ᶜ) videbunt pauperes, & lætabuntur.

(ᵈ) *Hebr.* quærentes Deum.
(ᵉ) *Hebr.* Cor.

via reptilia in eis.

℣. 36. _Quoniam Deus salvam faciet Sion : & (a) ædificabuntur Civitates Juda._

Et inhabitabunt ibi : & hæreditate (b) acquirent eam.

℣. 37. _Et semen servorum ejus possidebit eam : & qui diligunt nomen ejus, habitabunt in ea._

ses eaux.

℣. 36. Car Dieu sauvera Sion : & il édifiera, (_ou_ bâtira) les Villes de Juda.

Ils y demeureront : & ils posséderont Sion comme leur héritage.

℣. 37. La race de ses serviteurs la possédera : & ceux qui aiment son nom, y habiteront.

(a) _Hebr._ ædificabit.
(b j hæreditate possi-

debunt eam.

Sujet du Pseaume.

Ce Pseaume est tout prophétique. Jesus-Christ y est peint par des traits si marqués, qu'on ne peut l'y méconnoître. L'aplication que les Apôtres S. Jean *, S. Pierre § & S. Paul † lui ont faite des versets 10, 22, 23, 26, y ajoûte une autorité divine. Il peut être réduit à trois chefs, 1°. à une description patétique & circonstanciée de la Passion de Jesus-Christ: 2°. à la réprobation des Juifs: 3°. à l'établissement de l'Eglise.

* Jean II, 17.
§ Act. I, 20.
† Rom. II, 9. & XV, 3.

Jesus-Christ conjure son Pere de le délivrer d'une foule d'ennemis violens, & de la rigueur de ses décrets, qui le plongent dans une mer d'amertume pour l'expiation de péchés étrangers, qu'il n'a pris sur lui que par charité, & que par obéissance à ses volontés; de peur qu'en diférant de lever le scandale de la Croix, & de l'abandon, ses Disciples ne soient tentés d'une entiére infidélité, & ne le regardent plus comme leur Sauveur, & comme le Fils unique envoïé du Pere.

I. PARTIE.
Passion de
J. C.
℣. 2-7.

Il atend cette grace avec d'autant ℣. 8-13.

plus de confiance, que c'est son zéle pour la gloire de Dieu, & sa vie pénitente qui lui ont atiré cette persécution. Il a été renoncé par son Peuple, rejété de la Synagogue, condamné par les Sénateurs, outragé de tous, parce qu'il s'est élévé contre ceux qui profanoient le Temple, qui corrompoient les ames par leurs fausses Doctrines, & par leurs vices; qui blasphémoient le Pere, en atribuant aux Démons les miracles que le Fils faisoit en son nom & par sa puissance.

℣. 14-22. Il représente avec l'humilité d'un Esclave, que le moment est venu de finir des douleurs & des oprobres, qu'aucune consolation n'adoucit, & ausquels le fiel & le vinaigre viennent de mettre le comble; de le tirer par une prompte résurrection de la mort & de l'enfer; & d'écouter la promesse irrévocable d'une miséricorde infinie de se réconcilier le monde par le sacrifice du Messie.

II. PARTIE.
Réprobation des Juifs.
℣. 23-29. JESUS-CHRIST prédit, & demande, qu'en punition de tant de crimes, & de la cruauté avec laquelle les Juifs ont ajouté aux plaïes, dont le Pere l'a frapé pour leur salut, & celui du genre humain, les Ecritures deviennent pour eux un poison & un piége; qu'ils perdent leur

Temple, leur Ville, leur Patrie, & la glorieuse qualité de peuple de Dieu, & de nation sainte ; Qu'ils soient livrés à l'aveuglement, à la servitude, à la dispersion, à tous les fleaux de la vengeance Divine ; & que par un atachement opiniâtre à la justice de la Loi, ils refusent d'entrer dans la justice de la foi au Messie, qui peut seule obtenir la rémission des péchés.

Quoique JESUS-CHRIST sur la croix se voïe couvert de plaïes & dénué de tout, il n'en est pas moins plein de confiance, que son Pere le délivrera de tous ses maux, le relevera par une glorieuse résurrection, & en le comblant de biens, lui donnera une matiére éternelle d'actions de graces & de loüanges, qui seront pour lui des sacrifices infiniment plus agréables, que tous ceux de la Loi qu'il va abolir par le sien.

Il anonce aux pauvres, & aux humbles qui lui ressemblent, que bien-tôt ils auront la joïe de voir son triomphe ; & qu'ils y trouveront par la foi une vie éternelle. Il va prouver par un exemple éclatant, combien il est fidéle à éxaucer les pauvres qui l'invoquent, en tirant des enfers les Patriarches & les anciens Justes après une longue

III. PARTIE.
Etablissement de l'Eglise.
℣. 30-32.

℣. 33. 34.

captivité , & en les faisant monter
au Ciel avec lui.

℣. 35-37. Après cette victoire remportée sur
la Synagogue , sur le monde , sur la
mort , sur l'Enfer , toutes les parties
de l'univers se réuniront pour bénir
Dieu , qui se sera déclaré le fonda-
teur & le protecteur de l'Eglise naif-
sante ; qui par des Disciples sortis de
Sion , comme de la Métropole de la
Religion , établira des Eglises comme
autant de colonies dans toute la terre ;
qui liera toutes les Nations par l'unité
de la même foi & du même culte ; &
qui donnera à cette sainte société , par
une succession non interrompüe de
justes , une durée éternelle.

PSEAUME LXIX.

℣. 1. AU chef des Chantres, Pseaume de David, pour servir d'éternel monument.

℣. 2. Mon Dieu, (hâtez - vous) de me délivrer : hâtez-vous, Seigneur, de me secourir.

℣. 3. Que ceux qui cherchent à m'ôter la vie, soient couverts de confusion, & de honte.

℣. 4. Que ceux qui mettent leur joïe à me faire du mal, soient contraints de retourner en arriére; & qu'ils soient livrés à l'ignominie. Qu'en punition de la confusion dont ils m'ont couvert,

℣. 1. IN finem, Psalmus David, in rememorationem, (a) quòd salvum fecerit eum Dominus.

℣. 2. Deus in adjutorium meum intende : Domine, ad adjuvandum me festina.

℣. 3. Confundantur & revereantur, qui quærunt animam meam.

℣. 4. Avertantur retrorsùm, & erubescant, qui volunt mihi mala : avertantur statim erubescentes, qui dicunt mihi : Euge, euge.

(a) Ces mots ne se trouvent pas dans l'Hébreu, & sont ajoutés.

℣. 5. *Exultent, & lætentur in te omnes qui quærunt te, & dicant semper : magnificetur Dominus qui diligunt salutare tuum.*

℣. 6. *Ego verò egenus, & pauper sum; Deus, adjuva me.*

Adjutor meus, & liberator meus es tu : Domine, ne moreris.

ils s'en retournent eux-mêmes chargés ; eux qui disent en insultant à mes maux : Réjoüissons-nous, réjoüissons-nous.

℣. 5. Que tous ceux qui vous cherchent, soient remplis d'alégresse, & se réjoüissent en vous : que tous ceux qui s'intéressent à la protection éclatante que vous me donnerez en me sauvant, disent sans cesse : que Dieu soit glorifié.

℣. 6. Pour moi je suis pauvre & abandonné : hâtez-vous, mon Dieu, de venir à moi.

Vous êtes mon secours, & mon libérateur : Seigneur, ne diférez pas.

Sujet du Pseaume.

Le Pseaume entier est la répétition des cinq derniers versets du Pseaume trente-neuviéme, en propres termes, avec quelques diférences très-légéres. Dans l'un & dans l'autre, Jesus-Christ, consommant son sacrifice sur la Croix, au milieu des douleurs & des ignominies, & dans un abandon général, prie son Pere avec une extrême ardeur, & avec les sentimens les plus vifs, de le tirer promtement de l'oprobre de son suplice, & de l'opreffion de ses ennemis. Il le conjure avec inftance d'avancer les momens de sa réfurrection, & de l'acompagner d'un si grand éclat, qu'elle confonde d'un côté les deffeins de ceux qui ne respirent que sa mort, & qui insultent à sa foibleffe, & à ses tourmens; & que de l'autre, elle comble sans ceffe de joïe ses Disciples, & devienne pour eux une matiére perpétuelle de relever la grandeur de Dieu, & de bénir la magnificence avec laquelle il aura glorifié son Fils.

Les ames fidelles, preffées par de

grands dangers , doivent s'aproprier cette priére que JESUS-CHRIST a faite en leur nom, & pour leur consolation. Elles aprendront de ce divin Prêtre dans la fonction la plus augufte de son Sacerdoce , quelles dispositions elles doivent aporter pour être éxaucées. Elles considéreront avec quelle ferveur & quelle persévérance il implore le secours : avec quelle humilité, ce Dieu de gloire, ce bras du Tout-puissant, reconnoît son néant & son impuissance, & se regarde comme un pauvre qui n'a rien, & qui ne mérite rien.

PSEAUME

PSEAUME LXX.

℣. 1. SEigneur, j'espere en vous ; je ne tomberai jamais dans la confusion.

℣. 2. Délivrez - moi par votre justice, *ou :* puisque vous êtes juste : & tirez-moi du péril. Panchez l'oreille à ma voix, & sauvez-moi.

℣. 3. Servez-moi d'une forte roche , où je puisse toujours me retirer : donnez vos ordres

Psalmus David, filiorum Jonadab, & priorum Captivorum.

℣. 1. *IN te Domine speravi, non confundar in æternum : in justitia tua libera me , & eripe me.*

℣. 2. *Inclina ad me aurem tuam, & salva me.*

℣. 3. *Esto mihi in Deum* (ª) *protectorem* (ᵇ) , *& in locum munitum ,*

(ª) לצור מעון , *in rupem habitaculi :* le Chald. *in rupem fortem* מעת , & sic Ps. XXXI, ℣. 3. La Vulg. & les LXX expri-

ment la métaphore.

(ᵇ) Cette version est conforme au Texte Hébreu du ℣. 3. du Ps. XXX. לבית מצודות , *in do-*

ut salvum me fa-
cias.

Quoniam firma-
mentum (a) *meum,*
& (b) *refugium*
meum es tu.

℣. 4. *Deus meus,*
eripe me de manu
peccatoris, (c) *&*
de manu contra (d)
legem agentis &
iniqui.

℣. 5. *Quoniam*
tu es patientia (e)
mea Domine: Do-
mine spes mea. à
juventute mea.

℣. 6. *In te* (f)
confirmatus sum ex
utero: de (g) *ven-*

pour me délivrer. Car
c'est vous qui êtes mon
azile & ma forteresse.

℣. 4. O mon Dieu,
tirez-moi de la main du
méchant, des mains de
l'injuste & du violent.

℣. 5. Car c'est vous,
Seigneur, qui êtes mon
atente; Seigneur, vous
êtes mon espérance dès
ma jeunesse.

℣. 6. Vous avez été
mon apui dès le ventre de
ma mere; c'est vous qui

---

mum, ou, locum muni-
tionum. Mais on lit ici :
לבוא תמיר צוית , *ut in-*
grediar jugiter, præcepisti...
l'arangement de quelques
lettres peut réunir les
deux leçons, selon les
LXX; mais celle du Tex-
te Hébreu est bonne, &
donne un bon sens.

(a) petra mea.
(b) munitio mea.
(c) improbi.
(d) iniquè agentis, &
violenti.
(e) expectatio mea.
(f) super te innixus
sum.
(g) è visceribus.

m'avez tiré de ses entrailles: vous m'avez toujours donné des sujets de vous loüer.

℣. 7. Je suis devenu (par vos faveurs singuliéres) un prodige pour plusieurs : c'est pourquoi vous êtes ma ferme espérance.

℣. 8. Ma bouche est remplie de vos loüanges, & (je chante) votre gloire durant tout le jour.

℣. 9. Ne me rejétez pas dans le tems de ma vieillesse ; ne m'abandonnez pas maintenant que les forces me manquent.

℣. 10. Car mes ennemis parlent contre moi ; & ceux qui cherchent les

tre matris mea tu es (ᵃ) protector meus.

In te cantatio (ʰ) mea semper : ℣. 7. Tanquam prodigium factus sum multis : & tu (ᶜ) adjutor fortis.

℣. 8. Repleatur os meum laude (ᵈ), ut cantem gloriam tuam; totâ die magnitudinem tuam.

℣. 9. Ne projicias me in tempore senectutis : cùm defecerit virtus mea , ne derelinquas me.

℣. 10. Quia dixerunt (ᶜ) inimici mei mihi (ᶠ) :

(ᵃ) extractor.
(ᵇ) laus.
(ᶜ) spes mea fortis.
(ᵈ) Laude tua , totâ die gloria tuâ. *Cantem*, qui n'est pas dans l'Hébreu,

est bien ajouté, comme dans les LXX.
(ᵉ) Chald. addit , *malum.*
(ᶠ) id est , *de me.* Chald. *super me.*

& qui custodiebant (ᵃ) animam meam, concilium fecerunt in unum.

℣. 11. Dicentes : Deus dereliquit eum, persequimini, & comprehendite (ᵇ) eum: quia non est qui eripiat.

℣. 12. Deus, ne elongeris à me: Deus meus in auxilium meum (ᶜ) respice.

℣. 13. Confundantur, & deficiant detrahentes (ᵈ) animæ meæ: operiantur confusione (ᵉ), & pudore qui quærunt mala mihi.

℣. 14. Ego autem semper spera-

moïens de me perdre, consultent ensemble (pour y réüssir.)

℣. 11. Ils disent : Dieu l'a abandonné, poursuivez-le, vous le prendrez, parce qu'il n'y a personne pour le tirer (de vos mains.)

℣. 12. O Dieu, ne vous éloignez pas de moi: hâtez-vous, mon Dieu, de me secourir.

℣. 13. Que ceux qui veulent m'ôter la vie, demeurent confus, & qu'ils perissent : que ceux qui cherchent ma perte, soient couverts d'ignomie & de honte.

℣. 14. Pour moi, j'espérerai toujours, & j'a-

(ᵃ) observant.
(ᵇ) *Hebr.* comprehendetis.

(ᶜ) festina.
(ᵈ) adversarii.
(ᵉ) probro.

jouterai de nouvelles loüanges à celles que je vous ai données jusqu'à cette heure.

℣. 15. Ma bouche racontera votre justice : elle racontera tous les jours vos assistances salutaires, quoique j'en ignore le nombre.

℣. 16. Je pénétrerai les œuvres merveilleuses de la puissance de Dieu ; je ne m'ocuperai, Seigneur, qu'à célébrer votre justice.

℣. 17. O Dieu ! vous m'avez instruit dès ma jeunesse ; & jusqu'à présent j'ai anoncé vos merveilles.

bo : & adjiciam super omnem laudem tuam.

℣. 15. *Os meum annuntiabit* (a) *justitiam tuam, totâ die salutare tuum.*

℣. 16. *Quoniam* (b) *non cognovi litteraturam* (c)*, introibo* (d) *in potentias Domini : Domine memorabor* (e) *justitiæ tuæ solius.*

℣. 17. *Deus docuisti me à juventute mea : & usque nunc pronuntiabo* (f) *mirabilia tua.*

(a) enumerabit.
(b) כי, signifie ici, *etsi.*
(c) numeros : sic Chald. Sym. ἐξαριθμήσασι. LXX Πραγματείας, *negotiationes.* Quelques Exemplaires ont Γραμματείας.

Hier. Litteraturam.
(d) *Hier.* ingrediar in fortitudine Domini Dei.
(e) in memoriam revocabo, celebrabo.
(f) prædicabo.

℣. 18 *Et (ª) usque in senectam & senium (ᵇ) : Deus ne derelinquas me.*

Donec annuntiem brachium tuum generationi omni quæ ventura est.

℣. 19. *Potentiam tuam, & (ᶜ) justitiam tuam Deus usque in (ᵈ) altissima, quæ (ᵉ) fecisti magnalia : Deus quis similis tibi ?*

℣. 20. (ᶠ) *Quantas ostendisti mihi tribulationes multas, & malas : & conversus (ᵍ) vivificasti me : & de abyssis terræ iterùm reduxisti (ʰ) me.*

℣. 21. *Multipli-*

℣. 18. J'ai continué (à le faire) jusqu'à la vieillesse, & jusqu'à l'âge le plus avancé : ô Dieu, ne m'abandonnez point : afin que je fasse connoître la force de votre bras au siécle (présent), & votre puissance à tous les âges qui suivront.

℣. 19. Afin, mon Dieu, que je publie votre justice qui est infiniment élevée ; parce que vous aurez fait de grandes choses : ô Dieu ! qui est égal à vous ?

℣. 20. Parce qu'après m'avoir fait sentir beaucoup de cuisantes afflictions, vous m'aurez de nouveau rendu la vie, & vous m'aurez une seconde fois tiré du fond des abîmes de la terre.

℣. 21. Parce que

(ª) & etiam.
(ᵇ) canitiem.
(ᶜ) suppléez *annuntiem*, repeté du ℣. précédent.
(ᵈ) in excelsum.

(ᵉ) *qui*, ou, *quia*.
(ᶠ) אשר, qui.
(g) iterum vivificabis me.
(h) reduces me, ascendere facies me.

vous m'aurez rendu plus grand & plus puissant que je n'étois auparavant, & que vous m'aurez de nouveau comblé de consolation.

casti (a) magnificentiam tuam : & conversus (b) consolatus es me.

℣. 22. Aussi de mon côté, ô mon Dieu, je rendrai gloire à la vérité de vos paroles sur des instrumens de musique : je chanterai vos loüanges sur la harpe, ô Saint d'Israël.

℣. 22. Nam (c) & ego confitebor tibi in (d) vasis psalmi veritatem tuam : Deus (e), psallam tibi in cithara, Sanctus Israel.

℣. 23. Mes lévres chanteront avec joïe des cantiques en votre honneur : & mon ame, que vous aurez rachetée, tressaillera d'alégresse.

℣. 23. Exultabunt labia mea cùm cantavero tibi ; & anima mea quam redemisti.

℣. 24. Ma langue aussi anoncera pendant tout le jour votre justice, lorsque ceux qui cherchent ma perte s'en retourneront couverts d'ignominie & de honte.

℣. 24. Sed & lingua mea totâ die meditabitur justitiam tuam : cum (f) confusi, & reveriti fuerint qui quærunt mala mihi.

(a) multiplicabis magnitudinem meam: sic *Sym.* *Aq. Theod.* & LXX habent justitiam tuam.

(b) consolaberis.

(c) etiam ego.

(d) in instrumento nabli.

(e) Deus meus.

(f) בי.

TITRE DU PSEAUME LXX.

Ce Pseaume n'a point de titre en Hébreu, non plus que dans les Versions Arabe, Caldaïque, & celle de S. Jérôme. Les Scholies, avec Théodoret, le remarquent : ἀνεπίγραφος παρ᾽ ἑβραίοις. Mais la Vulgate conformément aux LXX porte : *Psalmus David, filiorum Jonadab, & priorum captivorum.* Ainsi on est bien fondé à regarder ce titre comme ajouté par quelque Interpréte postérieur, & n'aïant aucune autorité.

OCASION ET SUJET DU PSEAUME.

℣. I-II. La révolte d'Absalom est encore l'ocasion de ce Pseaume : David se rassure contre cette conspiration si subite & si générale, par l'heureuse expérience qu'il a faite de la protection éclatante & continuelle, que Dieu lui a acordée depuis sa plus tendre jeunesse ; & il le conjure, par la justice qu'il doit aux oprimés, de ne le pas abandonner dans sa vieillesse lorsque les forces lui manquent. Il le suplie de lui tenir lieu d'une forteresse imprénable, & de se hâter de le délivrer de la violence d'ennemis cruels,

cruels, qui ont conjuré sa perte, & que l'impunité, le succès & le silence de Dieu rendent plus hardis.

Malgré l'extrémité où le Prophéte se trouve réduit, il est plein de confiance, que Dieu, fidele à ses promesses, continuera de lui donner, par la promte défaite des rébelles, une nouvelle & plus ample matiére de chanter les loüanges d'un Libérateur aussi juste que puissant; & de transmettre aux siécles à venir la mémoire des merveilles que le Seigneur aura faites, en le tirant d'une infinité d'aflictions des plus ameres & des plus acablantes, & en lui rendant la vie & la couronne, pour le faire régner désormais avec plus de puissance & de gloire que dans le tems passé.

Il n'y a point de justes, qui ne doivent s'aproprier dans leurs épreuves le langage & les sentimens de David, & qui, à son exemple, ne présumant rien de leurs forces, ne doivent mettre toute leur confiance dans le secours tout-puissant du Sauveur, & lui rendre continuellement des actions de graces, qui ne seront parfaites que dans le Ciel, après que le vangeur des oprimés aura condamné les injustes à une éternelle ignominie.

Tome V. R

PSEAUME LXXI.

℣. 1. *Pſalmus in Salomonem.*

℣. 2. *DEus judicium (ª) tuum Regi da, & juſtitiam tuam filio Regis.*

Judicare (ᵇ) populum tuum in juſtitia, & pauperes tuos in judicio.

℣. 3. *Suſcipiant (ᶜ) montes pacem populo, & colles juſtitiam (ᵈ).*

℣. 4. *Judicabit*

℣. 1. Pſeaume pour Salomon.

℣. 2. O Dieu, acordez au Roi votre pouvoir de juger, & donnez au fils du Roi votre juſtice ; afin qu'il la rende à votre peuple, & qu'il juge vos pauvres avec équité : *ou*, O Dieu, donnez au Roi votre équité pour juger, & votre juſtice au fils du Roi ; afin qu'il juge votre peuple ſelon la juſtice, & vos pauvres ſelon l'équité.

℣. 3. Les montagnes aporteront la paix au peuple, & les collines la juſtice.

℣. 4. Il fera juſtice aux

(a) *Hebr.* judicia tua.
(ᵇ) judicet, *ou*, judicabit.

(ᶜ) ישאו, afferant.
(ᵈ) in juſtitiâ.

pauvres du peuple : il sauvera les enfans des pauvres, & il brisera l'opresseur.	pauperes populi, (&) salvos faciet filios pauperum, & humiliabit (ᵃ) calumniatorem.
℣. 5. Toutes les races futures vous craindront, tánt que le Soleil & la Lune luiront dans le monde.	℣. 5. Et permanebit (ᵇ) cum sole & ante (ᶜ) lunam, (in) generatione (ᵈ) & generationem.
℣. 6. Il décendra comme la pluïe sur l'herbe coupée, & comme l'eau du Ciel qui arrose la terre.	℣. 6. Descendet sicut pluvia in vellus (ᵉ), & sicut stillicidia (ᶠ) stillantia (ᵍ) super terram.
℣. 7. Les Justes fleuriront sous son régne, & l'on y joüira de tous les fruits de la paix, tant	℣. 7. (ʰ) Orietur in diebus ejus justitia (ⁱ) & abundantia pacis,

---

(ᵃ) & conteret oppressorem.

(ᵇ) Hebr. *timebunt te.* Ainsi le Chald. Les LXX ont lû יראו, & *prolongabit,* pour יאריך.

(ᶜ) *ou, coràm.*

(ᵈ) generatio generationum : *ainsi le Chald.*

(ᵉ) vellus, lana tonsa;

ou, herba secta. Sic Chald. & Rabbini.

(ᶠ) imbres.

(ᵍ) irrigatio terræ, *ou,* stellæ terræ.

(ʰ) florebit, germinabit.

(ⁱ) *justus,* avec d'autres points. Les LXX & la Vulg. ont lû, *justitia.*

donec auferatur (a) Luna.

V. 8. Et dominabitur à mari usque ad mare, & à flumine usque ad terminos (b) orbis terrarum.

V. 9. Coram illo procident Æthiopes (c), & inimici ejus terram (d) lingent.

V. 10. Reges Tharsis & Insulæ (e) munera offerent : Reges (f) Arabum & Saba dona adducent.

V. 11. Et adorabunt eum omnes Reges terræ (g) : omnes gentes ser-

que la Lune subsistera.

V. 8. Sa domination s'étendra depuis une mer jusqu'à l'autre ; & depuis le fleuve jusqu'aux extrémités de la terre.

V. 9. Les habitans des déserts se prosterneront devant lui, & ses ennemis baiseront la poussiere *.

V. 10. Les Rois de Tharsis & des Isles lui ofriront des présens ; les Rois d'Arabie & de Saba lui aporteront des dons.

V. 11. Tous les Rois l'adoreront : toutes les Nations lui seront assujéties.

(a) non sit.
(b) *Hebr.* ad terminos terræ, idem.
(c) עֲרָבִים, incolæ siccitatis, seu, locorum desertorum barbari.
(d) pulverem.

(e) *ou*, insularum.
(f) *Sic LXX. Hebr.* Seba. *S. Jer.* Arabiæ.
(g) *terra* deest in Hebr. *Hier.* notat esse superfluum.
* *Lett.* lécheront la terre.

vient ei.

℣. 12. Parce qu'il dé-livrera le pauvre, (réduit aux gémissemens & aux plaintes) : *ou*, parce qu'il délivrera le pauvre d'entre les mains du puissant, & le foible qui n'avoit personne pour le secourir.

℣. 13. Il aura pitié du pauvre & de l'indigent ; & il sauvera les ames des pauvres.

℣. 14. Il rachetera leur vie des fraudes & de l'opression ; & leur sang sera prétieux à ses yeux.

℣. 12. *Quia liberabit pauperem à* (a) *potente, & pauperem cui non erat adjutor.*

℣. 13. *Parcet* (b) *pauperi & inopi, & animas pauperum salvas faciet.*

℣. 14. *Ex* (c) *usuris & iniquitate redimet animas eorum, & honorabile* (d) *nomen eorum coram illo* (e).

(a) *vociferantem.* LXX, ἐκ δυναςε à שוע, qui signifie aussi, *dives nobilis, potens*, comme il est traduit par les LXX dans Job, Ch. XXIX. ℣. 2. L'un & l'autre est bon. S. Jer. traduit le même mot dans Job, par *vociferantem*, & ici par *potentem.*

(b) *ou*, miserebitur.

(c) à dolo, & violentiâ.

(d) & pretiosus erit sanguis eorum in oculis ejus. *Sic Hier. & Aq. & Syriaca Versio.*

(e) Les LXX ont, *coràm illis*, mais mal ; ils ont lû שם, *nomen*, au lieu de דם, *sanguis.*

℣. 15. *Et vivet, & dabitur* (a) *ei de auro Arabiæ; &* (b) *adorabunt de ipso semper : totâ die benedicent ei.*

℣. 15. Il vivra (à jamais :) on lui donnera de l'or d'Arabie : on fera sans cesse des vœux pour sa prospérité , & on le bénira pendant tout le jour.

℣. 16. *Et erit firmamentum* (c) *in terrâ in summis montium : superextolletur* (d) *super Libanum fructus ejus; & florebunt de Civitate sicut fœnum terræ.*

℣. 16. Une poignée de froment , semée en terre sur le sommet des montagnes, produira une moisson si abondante , que son agitation ressemblera à celle des cédres du Liban : & les habitans des Villes se multiplieront , & fleuriront comme l'herbe de la terre.

℣. 17. *Sit nomen ejus benedictum* (e) *in sæcula : ante* (f) *solem per-*

℣. 17. Son nom durera éternellement ; il se transmettra de race en race , tant que le Soleil

---

(a) Hebr. *dabit.... orabit.... benedicet* , supple *quisque.*

(b) orabit pro ipso semper. LXX Προσεύξον-ται περὶ αὐτᾶ.

(c) פסת-בר , particula, seu pugillus frumenti....

(d) commovebitur sicut Libanus.

(e) ce mot, *benedictum,* selon Theodoret, n'est ni dans l'Hébreu, ni dans les Héxaples.

(f) coràm sole, id est, quandiù sol erit

sera dans le monde. Tou-
tes les Nations se félici-
teront mutuellement de
lui apartenir, & publie-
ront son bonheur: *ou,
qu'il est heureux.*

℣. 18. Béni soit le Sei-
gneur Dieu, le Dieu d'Is-
raël, qui fait seul des
choses admirables.

℣. 19. Que son nom
glorieux soit béni dans
tous les siécles ; & que
toute la terre soit rem-
plie de sa gloire. Amen,
amen.

℣. 20. Ici finissent
les priéres de David fils
de Jessé.

manet (a) *nomen e-
jus, & benedicentur*
(b) *in ipso ómnes
tribus terræ : omnes
gentes magnifica-
bunt eum.*

℣. 18. *Benedictus
Dominus Déus* (c)
*Israel, qui facit mi-
rabilia solus.*

℣. 19. *Et bene-
dictum nomen ma-
jestatis* (d) *ejus in
æternum ; & reple-
bitur majestate* (e)
*ejus omnis terra.
Fiat* (f), *fiat.*

℣. 20. (g) *De-
fecerunt laudes* (h)
David filii Jesse.

(a) יכון de בין *filius. Hic filiabitur*, id est, longâ filiorum successione propagabitur. LXX. διαμενεῖ, *permanebit.* Ils ont lû ילין, ou יכון, *firmum erit, permanebit*, au lieu de יכון, en prenant un נ pour un כ.

(b) & benedicent se in eo omnes gentes, beatum dicent eum. LXX, μακαριοῦσιν αὐτόν.

(c) *Hebr. addit* Deus ; Deus (Israël).

(d) glóriæ ejus.

(e) gloriâ ejus.

(f) Amen , & amen.

(g) finem habent.

(h) oratiónes. LXX , *hymni.* Ils ont lû, *tehilloth* , pour *tephilloth.*

OCASION DU PSEAUME.

C'eſt ici le dernier Pſeaume de David. Il le compoſa dans le tems que réduit au lit de la mort, il venoit de faire inſtaler Salomon ſur ſon Trône. Il ſuplie le Seigneur de donner à ſon héritier un régne juſte, ſage, doux, tranquile, floriſſant, durable, étendu, & il légue à ſon fils par cette eſpéce de Teſtament, comme le plus prétieux de ſes biens, la foi & l'atente du Meſſie, qui doit naître de l'un & de l'autre.

SUJET DU PSEAUME.

Mais le Prophéte, après s'être couvert ſous l'image de Salomon pendant les cinq premiers verſets, l'oublie auſſi-tôt, & il ne voit plus que le Meſſie; comme la paraphraſe Caldaïque, & les Juifs en conviennent. Il décrit le Myſtére ſécret de l'Incarnation du Fils de Dieu, & ſes auguſtes caractéres. Il eſt par excélence le Roi du peuple de Dieu, & le fils du Roi des ſiécles. Il eſt le véritable Pacifique, qui a réconcilié les hommes avec Dieu, & entre eux.

Tout jugement lui a été remis par
fon Pere. Tout pouvoir lui a été
donné dans le Ciel & fur la terre ;
& il n'en fait ufage que pour protéger les pauvres , pour confoler les
humbles , & pour les vanger de l'o-
preffion des injuftes. Il eft la fource
unique de la juftice , de la paix , du
falut ; & ce n'eft que par lui que
tous les peuples mêmes les plus barbares , font bénis , & apellés au culte du vrai Dieu pour remplir de fa
gloire toute la terre , en devenant
fertiles en toutes fortes de vertus, &
en confacrant pour toujours à lui feul ,
& à fon CHRIST , leurs hommages
& leurs adorations.

Cet Empire fi faint & fi heureux ,
fera inébranlable , la propagation en
fera merveilleufe , l'étenduë fans bornes , & la durée éternelle.

P S E A U M E LXXII.

℣. 1. P Salmus Aſaph.

Quàm (ᵃ) bonus Iſrael (ᵇ) Deus his, qui recto (ᶜ) ſunt corde !

℣. 2. Mei autem penè moti ſunt pedes : penè effuſi ſunt greſſus mei.

℣. 3. Quia zelavi ſuper iniquos(ᵈ): pacem peccatorum videns.

℣. 4. Quia non eſt reſpectus (ᵉ) morti eorum : & firmamentum (ᶠ) in

℣. 1. P Seaume d'Aſaph.

Oui : Dieu eſt plein de bonté pour Iſraël, pour ceux qui ont le cœur pur.

℣. 2. Pour moi mes piés ont preſque été renverſés : & je me ſuis vû tout près de tomber.

℣. 3. Parce que j'ai regardé les inſenſés avec un œil de jalouſie : en conſidérant la paix des méchans.

℣. 4. Car rien ne les avertit de la mort : ils joüiſſent d'une ſanté vigoureuſe : ou , ils finiſ-

---

(ᵃ) אך, profectò, certè.
(ᵇ) Hebr. ergà Iſrael.
(ᶜ) Hebr. puro.
(ᵈ) Hebr. inſenſatos.
(ᵉ) Hebr. quia non ſunt ligamenta morti eorum : facilè expirant nulli cruciatus ac morbi interveniunt morti eorum. Aq. δυσπαθείαι. LXX, ἀνάγευσις, pro, ἀνάθεσις.

(f) Hebr. firma fortitudo eorum.

sent par une mort douce & tranquille, après avoir joüi d'une santé vigoureuse.

℣. 5. Ils n'ont point de part aux miséres humaines, (communes à tous les autres): ils ne font point châtiés comme le reste des hommes.

℣. 6. C'est pourquoi ils se font un mérite de leur orgüeil: ils tirent vanité de leur violence: *A la Lettre*; C'est pourquoi l'orgüeil est comme un carcan d'or, dont ils se parent: & la violence comme un habit magnifique, dont ils se revêtent.

℣. 7. La santé dont ils

plaga eorum.

℣. 5. *In labore* (a) *hominum* (b) *non sunt: & cum hominibus non flagellabuntur.*

℣. 6. *Ideo tenuit* (c) *eos superbia: operti* (d) *sunt iniquitate & impietate sua.*

℣. 7. *Prodiit* (e)

(a) *Hebr.* in miseria.

(b) *Hebr.* Hominum ærumnosorum.

(c) *Hebr.* circumdedit eos, ad instar torquis, superbia.

(d) *Hebr.* operit illos ornamentum violentiæ, id est, suam superbiam, rapinam, avaritiam palàm ostentant, ac si aliquis aureum torquem, & magnificam vestem.

(e) *Hebr.* Exit præ adipe oculus eorum. Id est, oculi, præ pinguedine turgent. Alii, oculus eorum, id est, facies nitet, splendet, vividus est color. LXX legerunt

quasi ex adipe ini-
quitas eorum : tran-
sierunt (a) in af-
fectum cordis.

℣. 8. *Cogitave-*
runt (b), & locu-
ti (c) sunt nequi-
tiam : iniquitatem
(d) in (e) excel-
so locuti sunt.

℣. 9. *Posuerunt*
in Cœlum os suum :
& lingua eorum
transivit in terrâ.

℣. 10. *Ideo (f)*
convertetur popu-
lus meus hîc : &

joüissent éclate dans leurs
yeux : tout leur réüssit
même au - delà de leurs
souhaits.

℣. 8. Ils ne sont que
corruption : leurs dis-
cours ne respirent que
malice & violence, ils
parlent comme étant au
dessus de tout. *Ou*, ils
parlent du haut de leur
grandeur.

℣. 9. Ils portent leurs
bouches jusques dans le
Ciel (par leurs blasphê-
mes,) & leurs langues
ravagent la terre.

℣. 10. C'est ce qui fait
que le peuple de Dieu
retombe dans ses dou-

עונמו, *iniquitas eorum,*
pro, עינמו, *oculus eorum.*

(a) *Hebr.* transeunt cogitationes cordis, id est, plura
assequuntur quàm cogita-
verint ; suprà spem omnia
cedunt, illis omnia con-
tingunt non solùm ex vo-
to, sed ante votum.

(b) *Hebr,* dissolvunt,

tabescere faciunt.

(c) *Hebr.* malitiosè loquuntur oppressionem.

(d) *Hebr.* oppressio-
nem, ad priùs membrum
refer.

(e) *Hebr.* de excelso
loquuntur.

(f) *Hebr,* ideo rever-
titur populus ejus hùc.

tes : parce-qu'il voit que les jours des méchans font pleins , & heureux.

Ou , C'est ce qui fait que le peuple de Dieu , voïant que les jours des méchans font pleins & heureux , en revient toujours à dire.

℣. 11. Comment (croire que) Dieu fait (tout ?) & que le Très-haut prend connoissance de ce qui se passe ?

Ou ; C'est ce qui leur fait dire : comment (croire que) Dieu sçait (tout ?) Le Très-haut prend-il connoissance de ce qui se passe ?

℣. 12. Voilà ces méchans & ces heureux du siécle , qui multiplient leurs richesses de plus

(a) *dies pleni invenientur in eis.*

℣. 11. *Et dixerunt : quomodo scit Deus ? & si est scientia in excelso ?*

℣. 12. *Ecce ipsi peccatores & (b) abundantes in sæculo : obtinuerunt*

(a) *Hebr.* & aquæ plenæ exprimuntur eis. ימצו de מצה, exprimere ; sed LXX, Vulg. & Hier. legerunt ימצאו, & ימי & *dies*, pro ימו & *aqua*, & c'est ce qu'il faut suivre ; car l'Hébreu n'a pas de sens, ou n'a qu'un sens forcé.

(b) *Hebr.* pacifici, tranquilli sæculi.

(a) *divitias.*

℣. 13. *Et* (b) *dixi : ergo* (c) *sine causâ justificavi cor meum ; & lavi inter innocentes manus meas.*

℣. 14. *Et fui flagellatus totâ die: & castigatio mea in* (d) *matutinis.*

℣. 15. *Si dicebam: narrabo sic : ecce* (c) *nationem filiorum tuorum* (f) *reprobavi.*

℣. 16. *Existimabam ut cognoscerem hoc : labor*

en plus.

℣. 13. C'est donc bien en vain que je prens soin de conserver mon cœur dans l'innocence, & de rendre mes mains pures.

℣. 14. Puisque je ne laisse pas d'être frapé de plaïes tout le jour ; & que je suis châtié dès le matin.

℣. 15. (Mais) si je raisonne ainsi , voilà que je condamne la race de vos enfans ; & que je trahis leur cause.

℣. 16 Je me suis donc éforcé de pénétrer dans ce sécret : mais je me

---

(a) *Hebr.* השגו , multiplicaverunt, de שגה , *ou,* שגא. Chald. LXX legerunt השיגו de נשג , *ou,* נסג apprehendit , assecutus est.

(b) *Et dixi :* abest in Hebræo.

(c) Id legi potest enuntiativè , vel interrogativè ut Hier.

(d) *Hebr.* singulis matutinis , vel maturè.

(c) id est , palàm est omnibus.

(f) *Hebr.* perfidè ago , prævaricor in generationem. .... id est , proditâ piorum causâ , quam teneor deffendere , impiorum causam adjuvo.

fuis donné une peine inutile :

℣. 17. Jufqu'à ce que je fois entré dans le fanctuaire de Dieu : & que j'aie apris quelle étoit la fin des méchans.

℣. 18. Véritablement, Seigneur , vous les placez fur des pentes bien gliffantes : vous les précipitez dans des abîmes.

℣. 19. Comment font-ils tombés dans la défolation ? Comment ont-ils été détruits en un moment ? Ils ont difparu , comme s'ils n'avoient jamais été.

℣. 20. Comme un fonge s'évanouït au moment qu'on fe réveille : de

eft ante me.

℣. 17. Donec intrem in Sanctuarium Dei : & intelligam in noviffimis eorum.

℣. 18. Verumtamen (a) propter (b) dolos pofuifti eis : dejecifti eos : dum (c) allevarentur.

℣. 19. Quomodo facti funt in defolationem , fubitò defecerunt : perierunt (d) propter iniquitatem fuam.

℣. 20. Velut fomnium furgentium , Domine , in

(a) אַךְ certè , profectò.

(b) *Hebr.* in lubricis ponis eos.

(c) לְמַשּׁוּאוֹת , in vaftitates , in defolationes , deftructiones, à שָׁאָה, vaf-tari. LXX & Lat. à נָשָׂא elevavit.

(d) מִן־בַּלָּהוֹת , præ terroribus. *Hier.* quafi non fint de בַל non , & de הָיָה fuit.

civitate (a) tua imaginem ipsorum ad (b) nihilum rediges.

℣. 21. *Quia inflammatum* (c) *est cor meum, & renes mei commutati* (d) *sunt.* ℣. 22. *& ego ad* (e) *nihilum redactus sum, & nescivi.*

℣. 23. *Ut jumentum factus sum apud te : & (f) ego semper tecum.*

℣. 24. *Tenuisti manum dexteram meam & in (g)*

—

même, Seigneur, en les tirant du sommeil, vous anéantissez avec mépris leur imaginaire grandeur :

℣. 21. (La prospérité des méchans) remplissoit mon ame d'amertume ;

℣. 22. Et, comme un aiguillon, me perçoit jusqu'au fond du cœur.

℣. 23. Aussi étois-je stupide (par raport à vos desseins), je n'y comprenois rien : j'étois devant vous comme une bête.

℣. 24. Mais néanmoins je suis toujours demeuré ataché à vous.

(a) *Hebr.* in expergiscendo בְּעִיר ab עוּר.

(b) spernes, contemptibilem reddes.

(c) *Hebr.* amarulentum, acidum fiebat.

(d) *Hebr.* pungebantur, à שׁנן. LXX legerunt, à שׁנה, mutare.

(e) *Hebr.* obbrutescebam. LXX ab eadem radice בער succendi, comburi.

(f) Hæc junge cum versu sequente.

(g) *Hebr.* & in consilium tuum.

Vous

Vous m'avez pris par ma main droite : vous m'avez fait entrer dans vos conseils : & vous me recevrez ensuite dans votre gloire.

℣. 25. Que désirerois-je au Ciel, sinon vous ? & qu'aimerois-je dans la terre, que vous seul ?

℣. 26. Ma chair & mon cœur languissent (d'amour pour vous,) ô Dieu, vous êtes la force de mon cœur, & mon partage pour jamais.

℣. 27. Car ceux qui s'éloignent de vous, périront : vous perdrez toutes ces ames adultéres, qui se séparent de vous.

℣. 28. Pour moi tout mon bonheur est de me

voluntate tua deduxisti me : & cum (a) *gloria suscepisti me.*

℣. 25. *Quid enim mihi est in Cœlo ? & à te, quid volui* (b) *super terram ?*

℣. 26. *Defecit caro mea, & cor meum : Deus* (c) *cordis mei, & pars mea Deus in æternum.*

℣. 27. *Quia ecce qui elongant se à te peribunt : perdidisti omnes qui fornicantur abs te.*

℣. 28. *Mihi autem adhærere Deo*

(a) *Hebr.* posteà (ad) gloriam suscipies me.
(b) *Hebr.* & tecum ni-

hil volo, amo, in terrâ. *Sic Aq. & Hier.*
(c) *Hebr.* robur

bonum eft : ponere (a) in Domino Deo fpem meam.

Ut annuntiem omnes prædicatio-nes (b) tuas : in (c) portis filiæ Sion.

tenir ataché à Dieu : J'ai mis mon efpérance au Seigneur mon Dieu.

Afin que je raconte toutes (les merveilles de) vos œuvres.

(a) *Hebr.* pofui.
(b) *Hebr.* opera.
(c) hæc verba abfunt in Hebræo, & apud tres Interpretes : defumpta funt ex verfu 15. Pfalmi IX.

SUJET DU PSEAUME.

Le Pseaume est tout moral. Il a de grands raports avec le soixante-quatorziéme, & y prépare. On en afoibliroit les penseés & les expressions, si on le bornoit à un objet particulier contre l'intention du saint Esprit, qui a voulu qu'il pût convenir à tous.

Le Prophéte sortant d'une profonde méditation sur la prospérité des méchans, commence par reconnoître en Dieu une bonté pleine d'atention sur le sort des gens de bien. Mais il avoüe que la tentation est grande, & capable de renverser les foibles, & de troubler les forts. Lui-même se sent presque entraîné à en douter, en voïant la paix, l'abondance, la santé égale, le bonheur constant, dont les méchans joüissent jusqu'à la mort, & qui ne servent qu'à nourrir en eux la violence, la malice, l'orgüeil, le mépris de Dieu, & toutes sortes de vices & de crimes : pendant que les gens de bien sont éxercés par des épreuves continuelles, & sont presque réduits par ce double scandale, à se repentir de leur ancienne vertu.

S ij

℣. 15-20. Mais le Prophéte corrige auſſi-tôt ces doutes , trop injurieux aux juſtes que Dieu chérit comme ſes amis , & châtie comme ſes enfans. Son trouble diſparoît quand il entre dans le ſanctuaire des deſſeins éternels de Dieu, & qu'il y voit la vaine félicité des impies bientôt terminée par une fin éternellement malheureuſe.

℣. 21-28. Il rend graces à Dieu de ce qu'il n'a pas permis que ces perpléxités éteigniſſent en lui la foi, & le détachaſſent de ſon ſervice ; de ce qu'il l'a éclairé ſur les ſécrets de ſa providence , & ſur ſes devoirs; & de ce qu'il l'a toujours ſoutenu par l'eſpérance d'un bonheur à venir. Il réunit déſormais toute l'ardeur de ſes déſirs à poſſéder Dieu comme ſon unique bien. Il ne trouve de joïe & de gloire qu'à chanter les merveilles de ſa providence ſur les bons, & ſur les méchans.

PSEAUME LXXIII.

Instruction d'Asaph.

℣. 1. O Dieu, pourquoi nous rejétez-vous toujours ? Pourquoi votre colére ne cesse-t-elle d'être allumée contre les brebis de votre troupeau ?

℣. 2. Souvenez-vous de votre peuple, qu'il y a si long-tems que vous vous êtes aquis, après l'avoir acheté (souvenez-vous) des tribus de votre héritage, de cette montagne de Sion, où vous avez établi vôtre demeure.

℣. 3. Levez-vous, fou-

Intellectus Asaph.

℣. 1. UT quid Deus repulisti in (a) finem : iratus est furor tuus super oves pascuæ tuæ.

℣. 2. Memor esto congregationis tuæ : quam (b) possedisti ab initio.

Redemisti virgam (c) hæreditatis tuæ: mons Sion (d) (in quo) habitasti in eo.

℣. 3. Leva (e)

(a) in æternum.

(b) Les LXX, ἐκτήσω acquisivisti ab antiquo ; (quam) redemisti :

(c) virga & montis, gouverné par memor esto.

(d) Hebr. iste

(e) הרימה פעמיך למשאות נצח. Les LXX ont mis, *manus tuas*, pour *pedes tuos*, comme plus propres à la métaphore ; ils ont lû משאות par *sin*, de נשא *tulit, ele-*

manus tuas in superbias eorum in finem : quanta malignatus est inimicus in Sancto.

℣. 4. *Et gloriati sunt qui oderunt* (ᵃ) *te : in medio solemnitatis tuæ.*

Posuerunt (ᵇ) *signa sua, signa:* ℣. 5. (ᶜ) *& non cognoverunt sicut in exitu super summum.*

Quasi in sylvâ lignorum securibus (ᵈ) ℣. 6. *ex-*

lez aux piés pour toujours (leur) orgüeil : l'ennemi a tout désolé dans votre Sanctuaire.

℣. 4. Vos ennemis ont rugi comme des lions au milieu de vos assemblées solemnelles. Ils y ont mis leurs drapeaux pour marque (de leur victoire.)

℣. 5. Tout le monde l'a vû: comme un bucheron leve sa cognée en haut , pour abatre des arbres dans une épaisse forêt : ainsi (nos enne-

---

vavit , & ont traduit , *superbias , elationes.* Les Massorets , S. Jérôme , les Rabbins , & les modernes traduisent , *desolationes ,* de שאה *vastari* S. Jérôme, *sublimitas pedum tuorum dissipata est usque in finem.* Et Kimhi , *leva pedes tuos ad desolandum in perpetuum omnem inimicum (qui) malefecit in sanctuario.*

(ᵃ) *rugierunt inimici*

tui in medio cœtuum tuorum.

(ᵇ) *Hebr.* S. Jérôme rend cela plus clair par cette version: *posuerunt signa sua in trophæum.*

; (ᶜ) Hebr. *notum est: sicut adducit (quis) supernè in perplexitatem arboris secures: ita nunc sculpturas ejus , simul securi & malleis contuderunt.*

(ᵈ) L'Hébreu a , *& nunc ; &,* pour , *ita nunc.*

mis) ont brisé à l'envi les sculptures du temple à coups de hache & de marteaux.

℣. 7. Ils ont mis en cendre vôtre sanctuaire : ils ont profané & renversé par terre le Tabernacle, où l'on révére votre nom.

℣. 8. Ils ont dit dans leur cœur : exterminons-les tous : ils ont brûlé tous les lieux d'assemblées du Seigneur sur la terre.

ciderunt januas (a) ejus (b) in (c) idipsum ; in securi & ascia dejecerunt eam.

℣. 7. Incenderunt (d) igni Sanctuarium tuum, in (e) terra polluerunt Tabernaculum nominis tui.

℣. 8. Dixerunt in corde suo, (f) cognatio eorum simul : quiescere (g) faciamus omnes dies (h) festos Dei à terrâ.

(a) C'est ce qu'ont les LXX & la Vulgate ; ils ont lû פתחים pour פתוחים, *sculpturas.*

(b) *ejus*, supléez, *templi.*

(c) *simul.*

(d) L'Hébreu est plus fort : *conjecerunt in ignem Sanctuarium tuum.*

(e) Hebr. *ad terram.*

(f) Les LXX ont de même : Hebr. ניבם, futur de ינה, *depopulari, opprimere, occidere,* peu usité. S. Jérôme traduit, *posteri eorum* ; Chald. *filii eorum,* de בין *filius.*

(g) Hebr. *incendamus.* Symmaque, Aquila, & les Héxaples d'Origene ; selon saint Jérôme, il juge qu'on aura mis καταπαύσωμεν, pour κατακαύσωμεν.

(h) Hebr. *omnes conventus Dei.*

℣. 9. *Signa nostra non vidimus ; jam non est Propheta* (ᵃ) : *& nos non cognoscet amplius.*

℣. 9. Nous ne voïons plus les prodiges que Dieu avoit coutume de faire en notre faveur : Il n'y a plus de Prophéte. Il n'y a personne parmi nous qui sache jusqu'à quand durera (nôtre misére.)

℣. 10. *Usquequò, Deus* (ᵇ) ! *improperabit inimicus ? irritat* (ᶜ) *adversarius nomen tuum in finem* (ᵈ)?

℣. 10. O mon Dieu, jusqu'à quand notre ennemi vous chargera-t-il d'oprobres? Blasphémera-t-il toujours vôtre nom ?

℣. 11. *Ut quid avertis manum tuam , & dexteram tuam : de medio sinu tuo* (ᵉ) *in finem ?*

℣. 11. Pourquoi avez-vous retiré vôtre main ? tirez votre droite du milieu de votre sein pour les perdre.

℣. 12. *Deus autem Rex nos-*

℣. 12. O Dieu , vous êtes de tout tems notre

(ᵃ) Hebr. *& non* (*est*) *nobiscum qui cognoscat usquequò.*

(ᵇ) *probris afficiet.*

(ᶜ) ou , *spernit* , *contemptum provocat.*

(ᵈ) *in æternum.*

(ᵉ) כלה , les uns traduisent , *profer* , *educ* ; les autres , *consume* , nempè , *hostes.* Le Chald. réunit les deux significations : *de sinu tuo educ* , *consume angustiam.*

Dieu ,

Dieu, vous nous avez sauvés en mille manieres à la face de l'univers.

℣. 13. C'est vous qui avez fendu la mer par votre puissance ; qui avez brisé les têtes des dragons dans les eaux.

℣. 14. C'est vous qui avez écrasé la tête du grand dragon: vous l'avez donné en proie aux peuples qui habitent les déserts.

℣. 15. C'est vous qui avez fendu les rochers pour en faire sortir des fontaines & des torrens ; & qui avez mis à sec des fleuves rapides.

℣. 16. Vous êtes maître du jour, & vous l'êtes aussi de la nuit ; vous avez reglé le cours de la lumiére, & du soleil.

ter (ᵃ) ante sæcula: operatus est salutem in medio terræ.

℣. 13. *Tu confirmasti* (ᵇ) *in virtute tuâ mare : contribulasti* (ᶜ) *capita draconum in aquis.*

℣. 14. *Tu confregisti capita* (ᵈ) *draconis : dedisti eum escam* (ᵉ) *populis Æthiopum.*

℣. 15. *Tu dirupisti fontes & torrentes : tu siccasti fluvios Ethan* (ᶠ).

℣. 16. *Tuus est dies, &* (ᵍ) *tua est nox : tu fabricatus* (ʰ) *es auroram* (ⁱ) *& solem.*

(ᵃ) *meus ab initio operans salutes in...*
(ᵇ) *disrupisti, confregisti.*
(ᶜ) *contrivisti.*
(ᵈ) *Leviathan.*
(ᵉ) *populo incolenti*

loca sicca.
(ᶠ) *fortes.*
(ᵍ) *etiam.*
(ʰ) *aptasti, parasti,* de כוּן. LXX, καὶ ἥλιον.
(ⁱ) *lumen.*

Tome V.   T

℣. 17. *Tu fe-*
cisti (a) *omnes ter-*
minos terræ ; æsta-
tem & ver (b) *tu*
plasmasti (c) *ea.*

℣. 18. *Memor*
esto hujus, inimicus
improperavit (d)
Domino : & popu-
lus insipiens inci-
tavit (e) *nomen*
tuum.

℣. 19. *Ne tra-*
das bestiis animas
confitentes (f) *ti-*
bi, & animas (g)
pauperum tuorum
ne obliviscaris in
finem.

℣. 17. C'est vous qui
avez marqué toutes les
bornes de la terre : c'est
vous qui avez formé
l'hyver & l'été.

℣. 18. Souvenez vous,
Seigneur, des outrages
que vos ennemis vous ont
faits, & des blasphêmes,
que ce peuple insensé a
vomi contre vous. *Ou;*
Lettre. Souvenez vous de
ceci, l'ennemi a outragé
le Seigneur, & ce peu-
ple insensé a blasphémé
votre nom.

℣. 19. N'exposez pas
à la fureur des bêtes fa-
rouches l'ame de votre
tourterelle : n'oubliez
pas pour jamais la troupe
afligée de vos pauvres.

(a) *constituisti*, de יצב.
(b) *hyemen.*
(c) *formasti, finxisti.*
(d) *probris affecit.*
(e) *sprevit.*
(f) תורך, *turturis tua,*
de תור *turtur.* LXX,
confitentem tibi : Ils ont lû,
תודך par ד, de הודה,
confessus est.
(g) חית. Les LXX
& la Vulgate, *animas.* Il
peut aussi signifier, *con-*
gregatio, cætus ; en ce cas
le même mot seroit pris en
deux sens dans ce verset.

℣. 20. Aïez égard à votre alliance, parceque la terre est couverte de ténébres, & remplie de retraites de brigans.

℣. 21. Que celui qui est dans l'acablement, ne retourne point confus : que l'afligé & le pauvre loüent votre nom.

℣. 22. Levez-vous, Seigneur ; prenez vous-même la défense de votre cause : souvenez-vous des outrages que les insensés vous font durant tout le jour.

℣. 23. N'oubliez pas les blasphêmes de vos ennemis. L'insolence de ceux qui s'élevent contre vous, va toujours croissant.

℣. 20. *Respice in testamentum tuum : quia repleti (a) sunt, qui obscurati sunt terræ domibus iniquitatum.*

℣. 21. *Ne avertatur humilis (b) factus confusus : pauper & inops laudabunt nomen tuum.*

℣. 22. *Exurge, Deus, (c) judica causam tuam : memor esto improperiorum tuorum, eorum (d) quæ ab insipiente sunt totâ die.*

℣. 23. *Ne obliviscaris voces inimicorum tuorum : superbia eorum (e), qui te oderunt, ascendit semper.*

(a) *repleta sunt loca tenebrosa terra habitaculis violentia.*

(b) *attritus.*

(c) *litiga litem tuam.*
(d) *deest in Hebr.*
(e) *insurgentium in te.*

TITRE DU PSEAUME.

Intellectus Asaph : « Instruction d'A-
saph ». Le premier de ces termes a été
expliqué au commencement des Pseaumes XIII & XXXI ; & l'on trouve à
la tête du Pseaume LXXIV, ce qu'il
faut penser des fonctions d'Asaph, &
de sa qualité de Prophéte.

SUJET DU PSEAUME.

Moïse, Isaïe,
Jérémie.

Le Saint Esprit, qui a fait prédi-
re par ses Prophétes au peuple Juif
la captivité dont il devoit punir ses
crimes à Babylone, a eu soin aussi de
lui fournir dans ce Pseaume, comme
dans plusieurs autres, une priére fer-
vente pour en demander la fin, &
pour la mériter par les sentimens
d'une vive componction qu'il devoit
lui inspirer.

℣. 1-8. Les Captifs, devenus fideles &
pénitens, après s'être plaints à Dieu
de la violence & de la durée de leurs
maux, le suplient de les terminer
par une promte délivrance : ils le
pressent par le double motif, & de
la bonté avec laquelle il a racheté

leurs ancêtres, de la fervitude d'Egypte, & a fixé fa demeure dans Sion ; & de la fureur impie que les Babyloniens ont montrée en profanant, défolant, renverfant fon Sanctuaire, & le réduifant en cendres.

Ce qui rend leur mifére plus aca- ℣. 9-12. blante, c'eft qu'ils ne voïent plus, comme autrefois, ni prodiges, ni oracles, ni Prophétes, qui leur en anoncent la fin ; & que le bras puiffant qui les avoit fauvés jufques-là, paroît être fans force & fans action.

Ils le font fouvenir qu'il n'a pû ℣. 12. 17. ceffer d'être leur Dieu, qui a varié fa protection en mille maniéres ; qui, avec une facilité toute puiffante, a ouvert le fein de la mer, a fubmergé le fuperbe Pharaon, a tiré des rochers des fources d'eau, & defféché le Jourdain ; qui préfide au jour & à la nuit, & qui régle le cours des faifons, & de toute la nature.

Puis donc que Dieu a prouvé par ℣. 18 23. toutes ces merveilles, qu'il peut faire dans le Ciel & fur la terre, dans la nature & dans les états, les changemens qu'il lui plaît ; il lui fera aifé de changer leur fituation malheureufe : & puifqu'il eft évident, que la caufe de fon peuple eft devenüe la

T iij

fienne , par les reproches d'impuiffance que ces impies lui ont faits ,
ils le conjurent de fe hâter de venger
fa majefté outragée , de ne plus abandonner à ces bêtes cruelles des fervi-
teurs afligés , qui ont mis en lui toute
leur confiance , & qui font deftinés
à chanter fes loüanges ; & de fe fouvenir des engagemens qu'il a pris par
fon alliance éternelle , de les protéger
toujours , & de punir l'infolence des
ennemis de fon culte , & de fon
peuple.

PSEAUME LXXV.

℣. 1. AU premier des Chantres, Pseaume d'Asaph, qui doit être chanté sur les instrumens qu'on touche (contre l'Assyrien.)

℣. 2. Dieu est connu (maintenant) dans la Judée : son nom est grand dans Israël.

℣. 3. Son Tabernacle est dans Jérusalem , & sa demeure dans Sion.

℣. 4. C'est-là qu'il a brisé les fléches , les arcs , les boucliers , les

℣. 1. IN finem, in laudibus (a), Psalmus Asaph. Canticum ad (b) Assyrios.

℣. 2. Notus in Judæa Deus : in Israel magnum nomen ejus ,

℣. 3. Et factus est in (c) pace locus (d) ejus, & habitatio ejus in Sion.

℣. 4. Ibi confregit potentias (c) arcuum, scutum ,

(a) בנגינות. Voyez le titre du Ps. IV.

(b) Πρὸς τὸν ἀσσύριον. Les Rabbins y donnent plus d'étenduë, & regardent ce Pseaume comme une Prophétie des victoires du Peuple de Dieu contre Gog & Magog.

(c) ויהי בשלם. Sic

& Chaldæus. Jérusalem étoit apellée Salem avant le tems d'Abraham. Gen. XIV, 18. Melchisedech Roi de Salem.

(d) סכו. Tabernaculum ejus.

(c) רשפי de רשף scintilla , metaphoricè , sagitta.

T iiij

gladium, & bel-
lum.

℣. 5. *Illuminans*
(ᵃ) *tu mirabili-*
ter (ᵇ) *à monti-*
bus (ᶜ) *æternis*; ℣.
6. *turbati* (ᵈ)
sunt omnes insi-
pientes (ᵉ) *corde.*

Dormierunt som-
num suum; *& ni-*
hil invenerunt om-
nes viri (ᶠ) *divi-*
tiarum in manibus
(ᵍ) *suis.*

épées, & la guerre
même. Sélah.

℣. 5. Vous avez fait
éclater vôtre grandeur
du haut des montagnes
mêmes, qu'ils regardoient
comme leur proïe. *A la*
Lettre ; des montagnes
de proïe.

℣. 6. Mais ces enne-
mis si pleins de coura-
ge & de force, se sont
livrés eux - mêmes en
proïe (à votre peuple :)
ou, au pillage de (vo-
tre peuple.)

Ils se sont endormis
tranquilement, & tous

(ᵃ) נאור אתה. *splen-*
didus, illustris tu.

(ᵇ) אדיר magnificus,
robustus.

(ᶜ) מהררי טרף, à
montibus prædæ. *Sic &*
Aq. Sym. Hier. Les LXX
ont lû טרם antè.

(ᵈ) אשתוללו, *in præ-*
dam cesserunt, præda se
tradiderunt.

(ᵉ) אבירי לב, *fortes*
corde, robusti. Les LXX
ont lû, אבדי לב, *qui*
perdiderunt cor, en changeant le *resch* en *daleth.*

(ᶠ) חיל, *robur, fir-*
nuitas, virtus.

(ᵍ) לא־מצאו....ידיהם
non invenerunt manus
suas. Les LXX ont su-
pléé la proposition ב, *in* :
mais Sym. & S. Jer. tra-
duisent comme il est dans
l'Hébreu.

ces hommes si braves se sont trouvés dans l'impuissance de faire aucun usage de leurs bras. *A la lettre*, n'ont pas trouvé leurs mains.

℣. 7. Votre voix menaçante, ô Dieu de Jacob, a frapé d'assoupissement ceux qui étoient montés sur les chariots, & sur les chevaux.

℣. 8. C'est vous, (Seigneur,) c'est vous qui êtes terrible : dès que votre colére éclate, qui peut subsister devant vous ?

℣. 9. Vous avez prononcé, *ou*, fait entendre du haut du Ciel une redoutable sentence. La terre a tremblé, & elle est rentrée dans la tranquilité.

℣. 7. *Ab increpatione tua, Deus Jacob, dormitaverunt* (a) *qui ascenderunt equos.*

℣. 8. *Tu* (b) *terribilis es, & quis resistet* (c) *tibi? ex* (d) *tunc ira tua.*

℣. 9. *De Cœlo auditum fecisti judicium: Terra tremuit, & quievit* (c).

(a) נרדם ורכב וסוס, sopitus est & currus, & equus.

(b) Tu terribilis tu.

(c) יעמד stabit, subsistet?

(d) מאז אפך, ex quo ira tua (exarsit,) *vel*, quando, *aussi-tôt que.*

(c) שקטה, quievit, tranquilla fuit.

℣. 10. *Cùm exurgeret* (a) *in judicium Deus : ut salvos faceret omnes mansuetos terræ.*

℣. 11. *Quoniam* (b) *cogitatio hominis confitebitur tibi : & reliquiæ* (c) *cogitationis diem festum agent tibi.*

℣. 12. *Vovete, & reddite Domino Deo vestro omnes qui in circuitu*

℣. 10. Aussitôt que vous vous êtes levé, ô Dieu , pour éxercer votre jugement , & pour sauver tous les humbles de la terre. Sélah.

℣. 11. L'homme dans sa fureur même confessera votre gloire : & jusqu'aux débris de ces armées furieuses , vous vous en servirez d'armes (& d'instrumens.)

℣. 12. Faites des vœux , & rendez-les au Seigneur votre Dieu : vous tous qui êtes au-

---

(a) בקום. Il peut être mis à la seconde personne, comme le reste, *cum exurgeres... ut salvos faceres.*

(b) כי - חמת אדם תודך, quoniam ira hominis, id est, homo iratus & furens confitebitur tibi. Redditur ratio, cur terra tremuerit , & quieverit: quoniam necesse est omnes homines , quantumvis feroces & furentes tibi cedere , & tuam potentiam celebrare.

(c) שארית חמת תחגר, residuum irarum cinges. *S. Hier.* reliquiis iræ accingeris. *Sym.* idem , Λεί-ψανον θυμοῦ περιζωθέν. LXX legerunt , החגג à חגג , *festum celebrare , agere.*

tour de lui, aportez des préſens à ce Dieu terrible ;

℣. 13. Qui ôte aux Princes le ſoufle (& la vie), & qui ſe montre redoutable aux Rois de la terre.

ejus affertis (a) munera.

℣. 13. Terribili, & (b) ei, qui aufert (c) ſpiritum Principum , terribili apud Reges terræ.

(a) afferant munera terribili.

(b) &, n'eſt pas du

Texte.

(c) præcidit ſpiritum potentium, vindemiavit.

OCASION ET SUJET DU PSEAUME.

IV. Liv. des Rois, XIX, 32-37. II. Paral. XXXII, 21-23. Ce Pseaume regarde la délivrance miraculeuse de Jérusalem par la défaite subite de l'armée de Sennachérib par l'Ange exterminateur. On trouvera le même sujet traité fort au long dans l'Explication des Pseaumes XLVII & LXVII. Après cette lecture, il sera aisé d'apliquer à celui-ci le double sens qui convient à Jérusalem & à l'Eglise Chrétienne, dont cette ville, avec ses priviléges, étoit la figure.

℣. 2-11. Ce Pseaume est un Cantique de joïe, un chant de triomphe à la loüange de Dieu, qui vient de prouver avec éclat qu'il est le protecteur tout-puissant d'Israël, & qu'il réside dans Jérusalem, en foudroïant dans une nuit l'armée des Assyriens, en livrant au pillage leur camp, & en dissipant pour toujours leurs mauvais desseins, & tout leur attirail de guerre, pour mettre en sureté les humbles de la terre.

℣. 12. 13. Le Prophéte invite Israël & toutes les Nations voisines, qu'un même prodige vient d'afranchir, de rendre

graces au Libérateur commun , &
d'ofrir leurs facrifices & leurs vœux
au Dieu , feul grand , feul terrible,
qui humilie l'orgüeil des Grands , &
qui tranche dans un moment le cours
de leur vie , & de leurs vains projets.

PSEAUME LXXVI.

℣. 1. *IN finem (a), pro Idithun, Psalmus Asaph.*

℣. 2. *Voce (b) mea ad Dominum clamavi: voce mea ad Deum, & intendit mihi.*

℣. 3. *In die tribulationis meæ Deum exquisivi, manibus meis nocte (c) contra eum: & non (d) sum deceptus.*

℣. 4. *Renuit (e)*

℣. 1. POur le Maître des Chantres, Pseaume d'Asaph, qui doit être chanté par Idithun.

℣. 2. J'éleve ma voix vers Dieu : Je lui adresse mes cris : J'éleve ma voix vers Dieu ; & il m'écoutera.

℣. 3. Je recherchele Seigneur dans ce tems d'affliction. Je tiens toute la nuit les mains étenduës vers lui sans les abaisser. Mon ame refuse toute consolation.

℣. 4. J'ai beau me

(a) Præcentori.

(b) Vox mea ad Deum, & vociferatus sum. Vox mea ad Deum, & auscultavit mihi.

(c) LXX, coràm eo : Sym. Theodoret ; manus mea nocte extensa est assiduè. En Hebr. נגרה, effu-sa est. Les LXX ont lû נגדו, en changeant le resch en daleth, & le he en vau.

(d) אל תפוג non cessabat.

(e) Ces quatre mots sont du verset précédent dans l'Hébreu.

rapeller le souvenir de Dieu, & je demeure dans le trouble : Je m'ocupe de lui , & mon esprit n'en tombe pas moins dans l'abatement. Sélah.

℣. 5. Vous me tenez les yeux dans une veille continuelle , sans que je les puisse fermer : je suis dans un tel saisissement, que je ne puis parler.

℣. 6. Je rapelle dans mon esprit les tems passés , & les années des siécles précédens.

℣. 7. Je me souviens de mes Cantiques : je m'en entretiens avec moi-même durant la nuit ,

consolari anima mea , memor fui Dei , & (a) delectatus sum ; & exercitatus (b) sum, & defecit spiritus meus. Selah.

℣. 5. Anticipaverunt (c) vigilias oculi mei : turbatus sum , & non sum (d) locutus.

℣. 6. Cogitavi dies antiquos : & annos æternos in (e) mente habui.

℣. 7. Et meditatus sum nocte cum corde meo : & exercitabar, & scope-

----

(a) LXX, εὐφρανθην , de המה , qui signifie tumultuatur ; perstrepit præ gaudio, aut tristitia.

(b) meditabar, de שיח.

(c) tenuisti vigilias oculorum meorum.

(d) loquar.

(e) Ces trois mots commencent dans l'Hébreu le verset suivant ; Recordabar cantici mei ; in nocte cum corde meo meditabar, & perscrutabatur spiritus meus.

bam (a) *spiritum meum.*

&. 8. *Numquid in æternum projiciet Deus* (b) *: aut non apponet ut complacitior* (c) *sit adhuc ?*

&. 9. *Aut* (d) *in finem misericordiam suam abscindet : à generatione in generationem ?*

&. 10. *Aut obli-*

& je roule dans mon esprit (ces pensées :)

&. 8. Le Seigneur nous a-t-il rejétés pour toujours ? & ne nous donnera-t-il plus à l'avenir des témoignages de son amour ?

&. 9. La source de ses miséricordes est-elle donc tarie pour toujours? ne nous fera-t-il plus entendre des paroles (de consolation) dans la suite des siécles ? *ou ;* ses promesses n'auront-elles plus d'éfet dans la suite des siécles?

&. 10. Dieu a-t-il ou-

(a) Les LXX , Sym. Ve édit. vetus psalt. & Rom. Hier. & Aug. *sartiebam spiritum meum,* ἐσχαλλον τὸ πνεῦμά μου. Dans les autres Grecs on lit ἐσχαλλεν à la troisiéme personne, comme Aq. & aussi Theodotion, selon Theodoret.

(b) Dominus.

(c) bene velit.

(d) An desiit in perpetuum misericordia ejus ? [an] defecit verbum à generatione in generationem ? *La Vulg. n'a pas* defecit verbum, *non plus que les LXX, ni la Version Ethiopiene , ni aucun Interpréte Latin , selon S. Jer. Mais il se trouve dans Sym. & dans la Version Arabique.*

blié

blié sa clémence ? sa colére arrêtera-t-elle le cours de ses miséricordes ? Sélah.

℣. 11. Ce qui fait le sujet de ma douleur, me dis-je à moi-même ; c'est le changement de la droite du Seigneur.

℣. 12. Je me souviens des œuvres du Seigneur : je repasse dans ma mémoire les merveilles que vous avez faites autrefois.

℣. 13. Je réfléchis sur vos œuvres, & je médite sur votre conduite.

℣. 14. O Dieu, m'é-criai-je, vos voïes sont

viscetur (a) *misereri Deus: aut continebit* (b) *in ira sua misericordias suas? Selah.*

℣. 11. *Et dixi, nunc* (c) *cœpi: hac mutatio dexteræ excelsi.*

℣. 12. *Memor fui operum Domini: quia* (d) *memor ero ab initio mirabilium tuorum.*

℣. 13. *Et meditabor in omnibus operibus tuis: &* (e) *in adinventionibus tuis exercebor.*

℣. 14. *Deus in sancto* (f) *via tua,*

(a) oblitus est.
(b) continuit, clausit.
(c) ægrotatio mea hæc. *Aq. S. Jer.* imbecillitas mihi hæc. *Theod.* dolores mihi. *Chald.* infirmitas mea. *Hebr.* חלה, ægro-

tavit. Les LXX de חלל incœpit.
(d) כי, certè, hîc.
(e) in factis meditabor.
(f) *Chald.* Deus sanctæ (sunt) viæ tuæ.

quis Deus magnus sicut Deus (noster) (ª) ?

℣. 15. Tu es Deus qui facis mirabilia. Notam fecisti in populis virtutem tuam.

℣. 16. Redemisti in brachio tuo populum tuum, filios Jacob, & Joseph. Selah.

℣. 17. Viderunt te aquæ Deus, viderunt te aquæ; & timuerunt, & (ᵇ) turbata sunt abyssi.

℣. 18. Multitudo (ᶜ) sonitus aquarum : vocem dederunt nubes.

toutes saintes ; *ou*, font élevées au dessus des Cieux. Y a-t-il un Dieu grand comme (notre) Dieu ?

℣. 15. Vous êtes le Dieu qui fait les miracles. Vous avez fait connoître votre puissance parmi les Nations.

℣. 16. Vous avez racheté votre peuple, les enfans de Jacob & de Joseph, par la force de votre bras. Sélah.

℣. 17. Les eaux vous ont vû, ô mon Dieu, les eaux vous ont vû. Elles ont tremblé de fraïeur : le fond même des abîmes en a été agité.

℣. 18. Les nuées ont versé des déluges d'eaux : l'air a retenti d'un bruit éfroïable : vous avez

---

(ª) *noster*, abest in Hebræo.

(ᵇ) *etiam.*

(ᶜ) *exundaverunt aquas nubes.*

lancé vos traits * (enfla-ᴱ
més .)

℣. 19. Le bruit de votre tonnére s'est fait entendre, (en brisant) les roües (des chariots de Pharaon :) vos éclairs ont brillé dans le monde : toute la terre en a été émuë, & en a tremblé.

℣. 20. Vous avez marché au travers de la mer: vous vous êtes fait un chemin au milieu des grandes eaux ; & l'on n'a pû reconnoître les traces de vos pas.

℣. 21. Vous avez conduit votre peuple comme un troupeau , par la main de Moïse & d'Aaron.

Etenim (ᵃ) *ſagitta tua tranſeunt :*

℣. 19. *Vox tonitrui tui in rotâ.* (ᵇ) *Illuxerunt coruſcationes tua orbi terra : commota eſt & contremuit terra.*

℣. 20. *In mari via tua , & ſemita tua in aquis multis , & veſtigia tua non cognoſcentur* (ᶜ).

℣. 21. *Deduxiſti ſicut oves populum tuum : in manu Moyſi & Aaron.*

---

* *Lettre* , fléches.
(ᵃ) etiam ſagittæ tuæ ; id eſt, fulgura tua diſcurrerunt.

(ᵇ) lucere fecerunt fulgura orbem.
(ᶜ) ſunt cognita.

S U J E T   D U   P S E A U M E.

L'Esprit saint montre à son Prophéte l'excès de misére & d'afliction , où les Juifs seront réduits à Babylone ; & il leur dicte par avance les motifs qui doivent les y soutenir , & la priére qui leur en obtiendra la fin. Un de ces captifs touché d'une componction salutaire , éleve sa voix au nom de tous les autres , & découvre les plus sécretes dispositions de son cœur , & du leur.

℣. 1-7.   Dans l'abatement & la désolation qui le presse , il ne cesse jour & nuit d'adresser à Dieu ses plus ardentes priéres ; & il cherche inutilement à se rassurer par le souvenir des merveilles , que Dieu a faites en faveur de son peuple dans les siécles passés , & qui étoient la matiére

℣. 8-10.   de ses plus doux Cantiques. Il se demande avec une inquiétude mortelle , si Dieu , n'écoutant désormais qu'une colére inéxorable , a tari la source de ses bontés qui devoit toujours couler, & révoqué des promes

℣. 11-21.   ses qu'il croïoit éternelles. Ce qui acheve de l'acabler de douleur , c'est qu'en comparant l'ancienne protection de Dieu , avec l'abandon préſent , il reconnoît que ce Dieu , ſeul grand , ſeul ſaint , ſeul puiſſant , ſeul auteur des prodiges , & qui les a prodigués avec éclat en toute ocaſion , & ſur-tout pour tirer leurs Peres de la ſervitude de l'Egypte , n'en fait plus aucun pour afranchir leurs enfans de la captivité de Babylone.

Ce Pſeaume convient parfaitement aux diſpoſitions d'une ame juſte , qui, portant avec déplaiſir le poids des maux de la vie préſente , & de la durée de ſon éxil, ſoupire avec une ſainte impatience après la liberté de la Patrie céleſte.

Il eſt encore une vive expreſſion des ſentimens , dont les Juifs ſeront pénétrés avant leur converſion , & qui les y prépareront.

PSEAUME LXXVII.

℣. 1. *INtellectus Aſaph.*

Attendite (a) *po-pule meus, Legem meam : inclinate aurem veſtram in verba oris mei.*

℣. 2. *Aperiam in parabolis* (b) *os meum : loquar* (c) *propoſitiones ab initio.*

℣. 3. *Quanta* (d) *audivimus & cognovimus ea: & patres noſtri narraverunt nobis.*

℣. 4. *Non ſunt* (e) *occultata à fi-*

℣. 1. INſtruction d'Aſaph.

Mon peuple, écoutez ma Loi : prêtez l'oreille aux paroles de ma bouche.

℣. 2. Je l'ouvrirai (pour parler) en paraboles : j'anoncerai des choſes qui ont été cachées depuis le commencement.

℣. 3. (Je dirai) ce que nous avons entendu & apris, & ce que nos peres nous ont raconté.

℣. 4. Nous ne le cacherons point à leurs

(a) auribus percipe.
(b) parabola.
(c) eructabo, effun-dam ænigmata, ſcatu-riam.

(d) quæ.
(e) non celabimus filios eorum. נכחד Fut. Piel. *Les LXX*, ὐκ ἐκρύβη. נכחד *an* niphal.

enfans. Nous anoncerons aux générations futures les loüanges du Seigneur, la grandeur de sa puissance, & les merveilles qu'il a faites.

℣. 5. Il a voulu qu'il y eût toujours dans Jacob des personnes qui rendissent témoignage (à ses œuvres) ; *Ou* : Il a voulu qu'il y en eût toujours un témoignage subsistant dans Jacob : Il en a fait une Loi dans Israël, en commandant à nos peres de les enseigner à leurs enfans ;

℣. 6. Afin que les races à venir, en fussent instruites, & que les enfans qui doivent naître & leur succéder, les racontent encore à leurs enfans ;

℣. 7. Afin qu'ils mettent leur espérance en

liis eorum : in generatione alterâ.

Narrantes laudes Domini, & virtutes ejus ; & mirabilia ejus quæ fecit.

℣. *5. Et suscitavit testimonium in Jacob : & legem posuit in Israel.*

Quanta (a) *mandavit patribus nostris nota facere ea filiis suis :* ℣. *6. ut cognoscat generatio altera,*

Filii [*qui*] *nascentur, & exurgent, & narrabunt filiis suis.*

℣. 7. *Ut* (b) *ponant in Deo*

***

(a) quæ.

(b) Hebr. & pour ut.

spem suam, & non obliviscantur operum Dei : & mandata ejus exquirant (a).

℣. 8. *Ne fiant sicut patres eorum : generatio prava* (b) *& exasperans.*

Generatio , quæ non direxit cor suum : & non (c) *est creditus cum Deo spiritus ejus.*

℣. 9. *Filii Ephrem intendentes* (d) *, & mittentes arcum : conversi sunt in die belli.*

℣. 10. *Non custodierunt testamentum Dei ; & in*

Dieu ; & que n'oubliant jamais les œuvres qu'il a faites , ils gardent ses commandemens ;

℣. 8. Qu'ils ne deviennent pas semblables à leurs peres , à cette race désobéissante & rébelle, dont le cœur n'étoit point droit, & dont l'esprit n'étoit point fidéle à Dieu :

℣. 9. Et qu'ils n'imitent point les enfans d'Ephraïm , qui se confiant moins en Dieu , que dans leurs armes , & en leur adresse à tirer de l'arc , ont pris la fuite au jour de la bataille.

℣. 10. Ils n'ont point gardé l'aliance qu'ils avoient faite avec Dieu,

---

(a) custodiant.
(b) refractaria, & rebellis.
(c) non fuit fidelis

Deo.
(d) armati, jaculatores arcu.

&

& ils n'ont point voulu marcher dans sa Loi.

℣. 11. Ils ont oublié ses œuvres, & les merveilles dont il les avoit rendus témoins.

℣. 12. Il avoit fait des prodiges dans l'Egypte, dans la plaine de Tanis.

℣. 13. Il avoit fendu la mer, & les y avoit fait passer, en tenant les eaux suspenduës comme en un monceau.

℣. 14. Il les avoit conduits le jour à l'ombre d'une nuée, & toute la nuit à la clarté du feu.

℣. 15. Il avoit fendu les rochers dans le désert;

lege ejus noluerunt ambulare.

℣. 11. Et obliti sunt benefactorum (ª) ejus : & mirabilium ejus quæ ostendit eis.

℣. 12. Coram patribus eorum fecit mirabilia in terra Ægypti : in campo Taneos (ᵇ).

℣. 13. Interrupit (ᶜ) mare & perduxit eos : & statuit aquas quasi in utre.

℣. 14. Et deduxit eos in nube diei (ᵈ) : & totâ nocte in illuminatione ignis.

℣. 15. Interrupit (ᵉ) petram in

(ª) operum.

(ᵇ) צען.

(ᶜ) discidit mare, & transire fecit eos, & stare fecit aquas quasi acervum. *Les LXX ont lû* נאד,

uter, *au lieu de* נד, *acervus, que Moyse emploie dans son Cantique.* Exod. XV, 8.

(ᵈ) per diem.

(ᵉ) scidit petras.

eremo : & adaqua-
vit eos velut (a)
in abyſſo multâ.

℣. 16. *Et edu-*
xit aquam (b) de
petrâ : & deduxit
(c) tanquam flu-
mina aquas.

℣. 17. *Et appo-*
ſuerunt adhuc pec-
care ei : in (d)
iram excitaverunt
excelſum in ina-
quoſo (e).

℣. 18. *Et tenta-*
verunt Deum in
ſordibus ſuis : ut
peterent eſcas ani-
mabus ſuis.

℣. 19. *Et ma-*
lè (f) locuti ſunt
de Deo : dixerunt ;
numquid poterit
Deus parare men-
ſam in deſerto ?

& il leur avoit donné à
boire, comme s'il y eût
eu des abîmes d'eau.

℣. 16. Il avoit fait
sortir des ruiſſeaux de
la pierre ; & en avoit
fait couler des riviéres.

℣. 17. (Malgré tout
cela), ils ne laiſſerent pas
de pécher contre lui,
& d'irriter le Très-haut
dans un lieu ſec & aride.

℣. 18. Ils tenterent
Dieu dans leur cœur,
en demandant des vian-
des pour ſatisfaire leur
ſenſualité.

℣. 19. Et ils parlerent
contre lui, en diſant :
Dieu pourroit-il bien
nous préparer à man-
ger * dans ce déſert ?

(a) velut abyſſis magnis.
(b) fluenta.
(c) deſcendere fecit.
(d) ad exacerbandum.
(e) in ſiccitate in lo-
co arido.
(f) & locuti ſunt in
Deum.
* *Lett.* préparer une table.

℣. 20. (Il est vrai) qu'il vient de fraper la pierre : que les eaux en sont sorties , & que les torrens en ont coulés avec abondance: mais pourra-t-il bien encore nous donner du pain à manger , & préparer de la chair pour son peuple ?

℣. 21. Le Seigneur l'entendit , & en fut enflamé de colére : un feu s'alluma contre Jacob , & la fureur s'éleva contre Israël;

℣. 22. Parce qu'ils n'avoient pas crû en Dieu , & qu'ils n'avoient pas comté sur son secours;

℣. 23. (Quoiqu'il eût déja auparavant) commandé aux nuées d'en-haut, & ouvert les portes du Ciel ,

℣. 20. *Quoniam* (ᵃ) *percussit petram , & fluxerunt aqua : & torrentes inundaverunt.*

Numquid & panem poterit dare : aut (ᵇ) *parare mensam populo suo ?*

℣. 21. *Ideo audivit Dominus , & distulit* (ᶜ) *; & ignis accensus est in Jacob , &* (ᵈ) *ira ascendit in Israel.*

℣. 22. *Quia non crediderunt in Deo : nec speraverunt in salutari ejus.*

℣. 23. *Et mandavit nubibus desuper : & januas Cœli aperuit.*

(ᵃ) Ecce.
(ᵇ) num parabit carnem.....

(ᶜ) & excanduit. *sym. de méme.*
(ᵈ) & etiam.

X ij

℣. 24. *Et pluit illis (ᵃ) manna ad manducandum: & panem (ᵇ) Cœli dedit eis.*

℣. 25. *Panem Angelorum (ᶜ) manducavit homo: cibaria misit eis in (ᵈ) abundantia.*

℣. 26. *Transtulit (ᵉ) austrum de Cœlo; & induxit in virtute sua Africum (ᶠ).*

℣. 27. *Et pluit super eos sicut pulverem carnes : & sicut arenam maris volatilia pennata.*

℣. 28. *Et ceciderunt (ᵍ) in medio castrorum eorum, circà taber-*

℣. 24. Et qu'il leur eût fait pleuvoir la manne pour manger, & leur eût donné le froment du Ciel :

℣. 25. L'homme avoit mangé le pain des Anges ; il leur avoit donné de la nourriture jusqu'à les rassasier.

℣. 26. (Néanmoins alors) il fit lever dans l'air le vent d'orient, & par sa puissance fit soufler le vent du midi.

℣. 27. Il fit pleuvoir la chair sur eux comme la poussiére de la terre, & les oiseaux comme le sable de la mer.

℣. 28. Il les fit tomber au milieu de leur camp, & tout autour de leurs tentes.

(ᵃ) super eos.
(ᵇ) frumentum.
(ᶜ) אבירים, potentium. Les LXX & Chald. Angelorum, & Sap. XVI, 20.
(ᵈ) ad saturitatem.
(ᵉ) *ou*, impulit, excitavit Eurum in cœlo.
(ᶠ) austrum.
(ᵍ) cadere fecit.

nacula eorum.

℣. 29. Ils en mangerent & en furent pleinement raſſaſiés. (Dieu) ſatisfit leur paſſion ; ℣. 30. Et ils ne furent point privés de ce qu'ils avoient déſiré.

Mais la viande étoit encore dans leur bouche , lorſque la colére de Dieu s'éleva contre eux.

℣. 31. Il tua ceux qui s'étoient le plus engraiſſés (de cette nourriture:) *ou ;* Il tua les plus robuſtes. (Jud. III , 29.) *ou* Il tua les plus conſidérables (Pſ. XXI, 30.) Il renverſa l'élite des jeunes gens d'Iſraël.

℣. 32. (Après tout cela), ils ne laiſſerent pas de pécher encore contre

℣. 29. *Et manducaverunt & ſaturati ſunt nimis , & deſiderium eorum attulit eis :* ℣. 30. *non ſunt fraudati* (a) *à deſiderio ſuo.*

Adhuc eſcæ eorum erant in ore ipſorum : ℣. 31. *& ira Dei aſcendit ſuper eos.*

Et occidit pingues eorum : & electos Iſrael impedivit. (b).

℣. 32. *In omnibus his peccaverunt adhuc : & n. n*

(a) Bon dans l'Hébreu, זרו , *alienati ſunt ;* la verſion Vulg. eſt bonne , *fraudati ſunt.* Ce verſet eſt mieux diviſé dans la Vulgate que dans l'Hébreu.

(b) proſtravit. *Lett.* incurvavit.

crediderunt in mi-
rabilibus ejus.

℣. 33. *Et de-
fecerunt* (a) *in va-
nitate dies eorum :
& anni eorum cum
festinatione* (b).

℣. 34. *Cum oc-
cideret eos, quære-
bant eum : & re-
vertebantur , &
diluculò veniebant
ad eum* (c).

℣. 35. *Et reme-
morati sunt , quia
Deus adjutor* (d)
*est eorum : & Deus
excelsus , redemp-
tor eorum est.*

℣. 36. *Et dile-
xerunt* (e) *eum in*

lui ; & ils n'ajouterent
point de foi à ses mira-
cles.

℣. 33. Il leur fit con-
sumer leurs jours dans
une marche inutile &
sans fruit ; & passer leurs
années avec rapidité :

℣. 34. Lorsqu'il en
avoit puni de mort, ils
le recherchoient:ils reve-
noient à lui , & ils se hâ-
toient de s'adresser à lui.

℣. 35. Ils se souve-
noient que Dieu étoit
leur réfuge , & que le
Dieu très-haut étoit leur
Sauveur.

℣. 36. Ils le flatoient
en paroles , & ils lui

(a) ויכל *& consumpsit.*
Les LXX & la Vulg. ont
lû ויכלו.

(b) בהל signifie, *con-
turbavit , terruit;* ou, *fes-
tinavit.* Il peut être traduit ici, *cum celeritate ,
ou, cum terrore :* le pre-

mier paroît convenir mi-
eux ici, בבהלה.

(c) *Deum.*

(d) *rupes.*

(e) *blandiendo illexe-
runt eum. Le Chald. &* blan-
diebantur ei in ore suo. *Le
mot dilexerunt , a pû être*

rendoient de bouche des soumiſſions trompeuſes.

℣. 37. Mais leur cœur n'étoit point droit à ſes yeux ; & ils n'étoient point fidéles à garder ſon alliance.

℣. 38. Il ne laiſſoit pas néanmoins d'uſer de miſéricorde envers eux : il leur pardonnoit leurs ofences ; & il ne les exterminoit pas. Il détournoit ſouvent ſa colére , & n'allumoit pas contre eux toute ſa fureur.

℣. 39. Il ſe ſouvenoit qu'ils n'étoient que chair, qu'un ſoufle qui paſſe, & qui ne revient plus.

ore ſuo : & linguâ ſuâ mentiti ſunt ei.

℣. 37. Cor autem eorum non erat rectum cum eo : nec fideles habiti (a) ſunt in teſtamento ejus.

℣. 38. Ipſe autem eſt miſericors , & propitius (b) fiet peccatis eorum , & non diſperdet eos.

Et abundavit ut averteret iram ſuam : & non accendit (c) omnem iram ſuam.

℣. 39. Et recordatus eſt quia caro ſunt : ſpiritus vadens , & non rediens.

---

mis pour illexerunt, moins commun, où l'on a ſuivi l'erreur du Grec , où ἠγάπησαν a été mis pour ὑπάτησαν.

(a) fuerunt.

(b) Et expiabit iniquitatem.... Tous les verbes doivent être mis au prétérit , ou à l'imparfait.

(c) excitavit.

℣. 40. *Quoties exacerbaverunt eum in deserto : in iram concitaverunt eum in inaquoso* (a)?

℣. 40. Combien de fois l'ont-ils aigri dans le désert ? combien de fois l'ont-ils irrité dans la solitude ?

℣. 41. *Et conversi sunt & tentaverunt Deum : & Sanctum Israel exacerbaverunt* (b).

℣. 41. Ils ont toujours continué de tenter Dieu; & ils ont borné le pouvoir du Saint d'Israël.

℣. 42. *Non sunt recordati manûs ejus, die quâ redemit eos, de manu* (c) *tribulantis.*

℣. 42. Ils ne se sont point souvenus de sa main puissante, ni du jour où il les avoit délivrés de l'opression.

℣. 43. *Sicut* (d) *posuit in Ægypto signa sua : & prodigia sua in campo Taneos* (e).

℣. 43. Ni des miracles qu'il avoit faits dans l'Egypte, & des prodiges qu'il avoit faits dans la plaine de Tanis,

℣. 44. *Et convertit in sanguinem flumina eorum : & imbres* (f)

℣. 44. Lorsqu'il changea en sang leurs riviéres & leurs ruisseaux, (des Egyptiens) afin

---

(a) solitudine.

(b) limitaverunt, circumscripserunt.

(c) de angustiâ, ou de hoste.

(d) quâ אשר.

(e) צען.

(f) fluenta.

qu'ils ne puſſent boire.

℣. 45. Il leur envoïa toutes ſortes de mouches qui mangerent tout, & des grenoüilles qui gâterent tout.

℣. 46. Il abandonna leurs fruits aux chenilles, & le produit de leurs travaux aux ſauterelles.

℣. 47. Il perdit leur vigne par la grêle, & leurs ſicomores par la gelée.

℣. 48. Il livra leurs bêtes à la grêle ; & leurs troupeaux au feu du tonnerre.

℣. 45. Miſit in eos cœnomyïam (a) & comedit eos : & ranam & diſperdidit eos.

℣. 46. Et dedit ærugini (b) fructus eorum : & labores eorum locuſtæ.

℣. 47. Et occidit in grandine vineas eorum : & moros (c) eorum in pruinâ (d).

℣. 48. Et tradidit (e) grandini jumenta eorum : & poſſeſſionem (f) eorum igni (g).

(a) ערב, colluviem muſcarum. Saint Jer. veut qu'on corrige le Grec, en liſant κοινομύιαν. Aq. Παμμύιαν, omne genus muſcarum, comme la Vulg. a traduit. Exod. VIII, 21.

(b) הסיל, brucho.

(c) Sycomoros.

(d) Ce mot ne ſe trouve qu'ici. Vat. entend une groſſe grêle, חנמל. Les LXX, ἐν τῇ πάχνῃ. Aq. ἐν χρύει S Jer. in frigore.

(e) Hebr. concluſit.

(f) ou, pecora eorum.

(g) prunis ignitis, רשפים, eſt exprimé dans

℣. 49. *Misit in eos iram indignationis suæ, indignationem & iram, & tribulationem: immissiones (a) per Angelos malos.*

℣. 50. *Viam (b) fecit semita iræ suæ, non (c) pepercit à morte animabus eorum: & jumenta eorum in morte (d) conclusit.*

℣. 51. *Et percussit omne primogenitum in terra Ægypti: primitias omnis laboris (e) eorum in tabernaculis Cham.*

℣. 49. Il répandit sur eux les éfets de sa colére, l'indignation, la fureur, la désolation, & il arma contre eux les mauvais Anges.

℣. 50. Il ouvrit un chemin libre à sa colére; il n'épargna pas leurs vies; il livra leurs bestiaux à la peste.

℣. 51. Il frapa tous les aînés dans l'Egypte; les premiers nés des familles dans les tentes de Cham.

---

le Pseaume CIV, 32. par אש להבות, *ignis flammarum.* Le Chald. ici, *prunis ignis.*

(a) *Angelorum malorum.* Ce dernier mot paroît substantif par le régime de l'Hébreu; mais il peut être adjectif.

(b) *Libravit semitam.*

(c) *non substraxit.*

(d) *peste.*

(e) אוני *virium;* id est, primogenitos. Les LXX, Πόνων αὐτῶν, *laboris corum,* ex און, *labor; dolor.* Les LXX & la Vulg. traduisent les mêmes mots par, *principium liberorum ejus.* Deut. XXI, 7.

℣. 52. Et emmena son peuple comme des brebis : il le conduisit dans le désert comme un troupeau.

℣. 53. Il les mena sûrement & sans crainte, pendant que la mer couvrit leurs ennemis.

℣. 54. Il les fit entrer jusqu'aux extrémités de la terre qu'il s'est consacrée, jusqu'à la montagne que sa droite s'est aquise.

℣. 55. Il en chassa les nations devant eux : il leur en distribua les héritages ; & il fit demeurer dans leurs maisons les Tribus d'Israël.

℣. 52. Et abstulit (a) sicut oves populum suum : & perduxit eos tanquam gregem in deserto.

℣. 53. Et eduxit eos in spe, & non timuerunt : & inimicos eorum operuit mare.

℣. 54. Et induxit eos in (b) montem sanctificationis suæ : in montem quem (c) acquisivit dextera ejus.

Et ejecit à facie eorum gentes : & (d) sorte divisit eis terram in funiculo distributionis.

℣. 55. Et habitare fecit in tabernaculis eorum Tri-

(a) proficisci fecit.
(b) ad terminum sanctitatis suæ.
(c) istum.
(d) Lett. & cadere

fecit eos in funiculo hæreditatis, c'est-à-dire, il fit aux Israélites le partage des héritages de ces peuples.

bus Ifrael:

℣. 56. *Et tentaverunt & exacerbaverunt Deum excelfum : & teftimonia ejus non cuftodierunt.*

℣. 56. Après cela, ils ne cefferent pas de tenter & d'irriter le Dieu très-haut : ils ne garderent point fes préceptes.

℣. 57. *Et averterunt fe , & (ª) non fervaverunt pactum : quemadmodum patres eorum converfi funt (ᵇ) in arcum pravum.*

℣. 57. Ils fe retirerent de lui , & rompirent l'alliance avec perfidie comme avoient fait leurs Peres. Ils fe détournerent de lui comme un arc qui trompe l'atente de celui qui s'en fert.

℣. 58. *In iram concitaverunt eum in collibus (ᶜ fuis : & in fculptilibus fuis ad æmulationem eum provocaverunt.*

℣. 58. Ils l'irriterent par leurs hauts lieux , & le piquerent de jaloufie par leurs Idoles.

℣. 59. *Audi*

℣. 59. Dieu l'aprit ;

(ª) *& perfidè egerunt.* Les LXX, ἠκὺθέτησαν. S. Jer. croit qu'ils ont traduit ce mot de συνθήκη, *pactum,* comme tous les Interprétes Grecs. Les éxemplaires des LXX de fon tems avoient ἠθέτησαν, & plufieurs encore aujourd'hui , *prævaricati funt.*

(ᵇ) ficut arcus dolofus.

(ᶜ) In excelfis fuis.

&en fut ému de colére.
Il eut Ifraël en averfion.

℣. 60. Il quita le Tabernacle de Silo , le Tabernacle où il habitoit parmi les hommes.

℣. 61. Il livra en captivité l'Arche où éclatoit fa puiffance ; & il fit tomber fa gloire entre les mains de l'ennemi.

℣. 62. Il fit paffer fon peuple au fil de l'épée ; & il s'enflama de colére contre fon héritage.

℣. 63. Le feu dévora leurs jeunes hommes , & on ne célébra plus par des cantiques de loüanges les nôces des jeunes

vit Deus , & fprevit (a) : & ad nihilum redegit valde Ifrael.

℣. 60. Et repulit (b) Tabernaculum Silo : Tabernaculum fuum ubi habitavit in hominibus.

℣. 61. Et tradidit in captivitatem virtutem eorum: (c) & pulcritudinem eorum in manus inimici.

℣. 62. Et conclufit in gladio populum fuum : & hæreditatem fuam fprevit (d).

℣. 63. Juvenes eorum comedit ignis : & virgines eorum non funt (e) lamentatæ .

(a) & excanduit , & contemfit valdè Ifrael.
(b) dereliquit.
(c) fuam , & fortitu-
dinem fuam...
(d) in... irâ exarfit.
(e) Non funt laudatæ, הוללו de הלל , laudavit

℣. 64. *Sacerdotes eorum in gladio ceciderunt: & viduæ eorum non plorabantur* (ᵃ).

℣. 65. *Et excitatus est tanquam dormiens Dominus : tanquam potens crapulatus* (ᵇ) *à vino.*

℣. 66. *Et percussit inimicos suos in posteriora* (ᶜ): *opprobrium sempiternum dedit illis.*

℣. 67. *Et repu-*

---

filles ; *ou*, Il ne se trouva plus de maris pour les jeunes filles.

℣. 64. Leurs Prêtres tomberent sous l'épée, & leurs veuves n'en firent point le deüil.

℣. 65. Alors le Seigneur se réveilla comme d'un long sommeil, comme un homme fort qui jéte de grands cris en s'éveillant après son yvresse.

℣. 66. Il frapa ses ennemis par derriére, & les couvrit d'une éternelle ignominie.

℣. 67. Dès-lors il re-

---

au pual. *Sym. Theodot. Vᶜ. edit.* ȣϰ ἐπηνέϑησαν. *Sic & Chald.* Aq· ȣϰ ὑμνήϑησαν, *non sunt hymnis celebrata.* Mais les LXX ont ἐπίνέησαν a l'actif, comme S. Jer. Les autres Grecs ont ἐπηνθήϱησαν. Ils ont lû הוללי, *doluerunt* au pual de חול, ou plutôt, היללו, *ejulaverunt,* à l'hiphil de ילל.

(ᵃ) *fleverunt.*

(ᵇ·) *vociferans præ* vino מתרונן.

(ᶜ) *Lett.* retrorsùm, id est, in secretiori parte natium. *1. Rois , V , 6.*

jéta les tentes de Joseph, & ne choisit plus la Tribu d'Ephraïm (pour y replacer l'Arche).

℣. 68. Mais il choisit la Tribu de Juda , la montagne de Sion qu'il a aimée.

℣. 69. Il y bâtit son Sanctuaire comme un Palais élevé sur la terre, qu'il a fondée pour durer toujours ; *ou* , comme la terre qu'il a fondée pour durer toujours.

℣. 70. Il choisit David son serviteur , & il le tira de la bergerie.

℣. 71. Il le prit lors-

---

lit tabernaculum Joseph : & Tribum Ephraïm non elegit ;

℣. 68. Sed elegit Tribum Juda : montem Sion quem dilexit.

℣. 69. Et ædificavit sicut unicornium (a) sanctificium suum in terra (b) , quam fundavit in sæcula.

℣. 70. Et elegit David servum suum , & sustulit eum de (c) gregibus ovium : de (d) post fœtantes accepit eum.

℣. 71. Pascere (e)

(a) excelsa Sanctuarium suum. Les LXX, Theod. Chald. ὡς μονοκερώτων, comme s'il y avoit רמים.

(b) sicut terra. Sym. selon Theodoret , avoit traduit, ὡς την, γην ; &

selon S. Jer. εἰς τὴν γῆν. Les LXX, & la Vulg. ont lû ב pour כ.

(c) de caulis.

(d) de post lactantes adduxit eum.

(e) ad pascendum Jacob populum suum.

Jacob servum suum: & Israel hæreditatem suam.

℣. 72. Et pavit eos (ᵃ) in innocentia cordis sui: & in intellectibus manum suarum deduxit eos.

qu'il suivoit les brebis pour en faire le Pasteur de Jacob, qui est son peuple, & d'Israël qui est son héritage.

℣. 72. Il les a gouvernés dans l'innocence de son cœur, & il les a conduits avec une main sage & intelligente.

(ᵃ) כבתם. Les LXX ont lû כבתם.

Sujet du Pseaume.

Le Prophéte raconte fort au long les plus signalés bienfaits que Dieu n'a cessé d'acorder au peuple d'Israël, depuis sa sortie d'Egypte jusqu'au tems de David ; & les châtimens les plus éclatans dont il a puni son ingratitude. Il désire que les Israëlites rapellant de race en race la mémoire de ces fameux éxemples de bonté, & de sévérité, aprennent 1.º. à mettre uniquement leur confiance en la bonté toute-puissante de Dieu ; 2º. à devenir fidéles à observer ses commandemens & son alliance ; 3º. à éviter l'incrédulité de leurs ancêtres, qui leur a atiré tant de punitions, & qui enfin a obligé Dieu à transporter l'Arche de Silo sur la montagne de Sion, & à faire passer la principale autorité, de la Tribu d'Ephraïm dans celle de Juda, en y fixant le culte public dans un superbe Temple ; & en choisissant David pour conduire son peuple avec la droiture, la sagesse, & l'aplication d'un Pasteur.

SECOND SENS.

Sous le voile de ces événemens
hiſtoriques, David couvre les plus
profonds ſécrets de l'Evangile, qui
étoient cachés en Dieu depuis le commencement du monde, & dont ſaint
Paul a dévelopé une partie dans
ſes Epîtres. Il avertit en même tems
que JESUS-CHRIST, dont il eſt
la figure & le Prophéte, continuera
de parler le même langage, & d'en-
veloper les Myſtéres du Roïaume des
Cieux ſous de ſemblables paraboles,
pour punir les diſpoſitions criminel-
les des Juifs, que leur incrédulité
rendra indignes d'en avoir l'intelligence.

I. Cor. X.
Ephef. III.
Math. XIII,
35.

Mais l'énigme principale, propoſée
dans ce Pſeaume, ſe réduit à ces deux
points; l'un, que Dieu en colere contre la Synagogue toujours infidelle, or-
güeilleuſe, indocile, comme la Tribu
d'Ephraïm, en retirera ſon Sanctuaire, comme il a fait de Silo; & la
dépoüillera de tous les priviléges de
la Religion, pour en revêtir à jamais
l'Egliſe chrétienne, figurée par l'immobilité de la montagne de Sion,
où le Temple fut fixé pour toujours;

l'autre, que Dieu, en faisant naître
JESUS-CHRIST de la Tribu de Juda,
& de la famille de David , lorfqu'elle fera tombée dans la baffeffe
& dans l'obfcurité , lui donnera toutes les qualités d'un Pasteur acompli, pour conduire fon peuple dans
la voïe du falut , & lui en fera parfaitement remplir tous les devoirs.

L'aplication que fait le faint Efprit Math. XIII.
des événemens hiftoriques de l'ancien
Teftament aux paraboles de JESUS-
CHRIST, eft une claire démonftra-
tion, que tout ce qui arrivoit au peuple Juif , étoit une figure des vérités
évangéliques, & de tout ce qui devoit
faire la deftinée de l'Eglife , & du
peuple Chrétien.

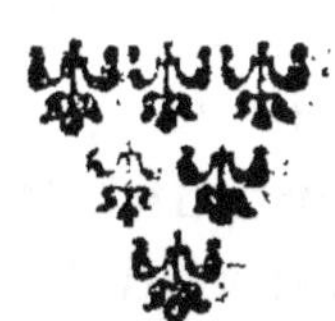

PSEAUME LXXVIII.

♰. 1. P*Salmus Asaph.*

Deus venerunt Gentes in hæreditatem tuam, polluerunt Templum sanctum tuum : posuerunt Jerusalem in pomorum (ᵃ) custodiam.

♰. 2. *Posuerunt morticina (ᵇ) servorum tuorum escas volatilibus Cœli : carnes sanctorum tuorum bestiis terræ.*

♰. 3. *Effuderunt sanguinem eorum, tanquàm aquam in circuitu*

♰. 1. P´Seaume d'Asaph.

O Dieu, les Nations sont entrées dans votre héritage : elles ont profané votre saint Temple, elles ont fait de Jérusalem un monceau de pierres.

♰. 2. Elles ont donné les corps morts de vos serviteurs en proïe aux oiseaux du Ciel, la chair de vos Saints aux bêtes de la terre.

♰. 3. Elles ont répandu leur sang comme l'eau autour de Jérusalem, sans qu'il se trouvât per-

---

(ᵃ) *acervos [lapidum]* sic Hier. & Aq. Le Chald. *in desolationem.* Les LXX traduisent comme la Vul-

gate, quoiqu'ailleurs l'un & l'autre traduisent לעיים, par, *in acervos lapidum.*

(ᵇ) *cadavera.*

sonne pour leur donner la sépulture.

℣. 4. Nous avons été en oprobre à nos voisins : Nous avons été la fable & le joüet de ceux qui nous environnent.

℣. 5. Jusqu'à quand, Seigneur, continuerez-vous d'être en colere ? jusqu'à quand votre jalousie s'allumera-t-elle comme un feu.

℣. 6. Répandez votre indignation sur les Nations qui ne vous connoissent pas, & sur les Roïaumes qui n'invoquent point votre nom.

℣. 7. Car ils ont dévoré Jacob, & désolé le lieu de sa demeure.

℣. 8. Né vous souve-

Jerusalem : & non erat qui sepeliret.

℣. 4. Facti sumus opprobrium vicinis nostris : subsannatio & illusio his, qui in circuitu nostro sunt.

℣. 5. Usquequò, Domine, irasceris in finem (a) : accendetur velut ignis zelus tuus ?

℣. 6. Effunde iram tuam in Gentes, quæ te non noverunt : & in Regna, quæ nomen tuum non invocaverunt.

℣. 7. Quia comederunt Jacob, & locum (b) ejus desolaverunt.

℣. 8. Ne memi-

(a) æternum.
(b) *Tabernaculum ejus, habitaculum ejus,* | נוהו. Aq Sym. Theodot. S. Jer. *decorem ejus, de* נאה, *pulcrum esse.*

neris iniquitatum nostrarum antiquarum, citò anticipent nos misericordiæ tuæ : quia pauperes (a) facti sumus nimis.

℣. 9. Adjuva nos, Deus Salutaris (b) noster, & propter gloriam nominis tui, Domine (c), libera nos, & propitius esto peccatis nostris propter nomen tuum.

℣. 10. Ne (d) fortè dicant in gentibus, ubi est Deus eorum ? Et (e) innotescat in Nationibus coram oculis nostris.

Ultio sanguinis

nez point de nos iniquités passées. Que vos miséricordes se hâtent de nous prévenir, parce que nous sommes réduits à une extrême misére.

℣. 9. Assistez-nous, ô Dieu, qui êtes notre Sauveur : délivrez-nous pour la gloire de votre nom ; & pour l'amour de ce même nom, pardonnez-nous nos péchés.

℣. 10. Pourquoi permettez-vous que ces peuples disent : où est maintenant leur Dieu ? Faites éclater à notre vûë contre les Nations la vengeance du sang de vos serviteurs qu'elles ont ré-

---

(a) attenuati sumus valdè.

(b) salutis nostræ.

(c) & eripe nos, & expia peccata nostra.

(d) ut quid dicent gentes.

(e) & abest in Hebræo.

pandu.

℣. 11. Que les gémissemens des captifs montent jusqu'à vous : conservez la vie par la force de votre bras à des hommes destinés à la mort.

℣. 12. Versez dans le sein de nos voisins sept fois autant d'oprobres & de honte qu'ils vous en ont fait, Seigneur.

℣. 13. Et nous, qui sommes votre peuple, & les brebis de vos pâturages, nous vous en

servorum tuorum qui effusus est : ℣. 11. introeat in conspectu tuo gemitus (a) compeditorum.

Secundùm magnitudinem brachii tui : posside (b) filios mortificatorum.

℣. 12. Et redde vicinis nostris septuplum in sinu eorum : improperium ipsorum, quod exprobraverunt tibi Domine.

℣. 13. Nos autem populus tuus, & oves pascua tuæ : confitebimur (c)

(a) vincti.

(b) fac superstites esse filios occisionis, *id est*, morti destinatos : הותר, fac superesse. Imper. hiph. ab יתר. Les LXX, *conserva*, dans le même sens. D'autres lisent, התר *sol-*ve, comme le Chald. de נתר à l'hiphil, התר *solvit*. Ce sens peut aussi convenir.

(c) celebrabimus, laudabimus, *ou*, gratias agemu

rendrons d'éternelles ac-
tions de graces : Nous
anoncerons vos loüan-
ges dans le cours de tous
les siécles.

tibi in sæculum.
In generatio-
nem & generatio-
nem annuntiabimus
laudem tuam.

OCASION ET SUJET DU PSEAUME.

Ce Pseaume est un pieux gémisse- I V. Rois, ment des Juifs éxilés à Babylone par X X V , Nabuchodonosor , ou persécutés par 9. 10. Antiochus du tems des Machabées. 11. Paral. XXXVI . 19. I. Mach. I, 30 , &c.

Ils se plaignent à Dieu de la profanation que les Nations infidelles ont osé faire de son Temple ; des ravages qu'elles ont causés dans son héritage & dans sa Ville sainte ; du traitement inhumain qu'elles ont fait à ses plus fidéles serviteurs, & des insultes piquantes des peuples voisins ausquelles elles les ont exposés. Ils le prient d'oublier par pure miséricorde & de pardonner leurs anciennes iniquités , qui leur ont atiré tous ces malheurs ; de détourner sa colére jalouse de dessus un peuple dont il est le Sauveur , pour la faire retomber sur la tête des impies , qui méprisent sa Divinité , & lui reprochent sa foiblesse ; de vanger hautement pour la gloire de son nom , le sang de ses Saints ; & de conserver les malheureux restes de ses brebis condamnées à la mort : & ils promettent par reconnoissance de lui en rendre d'éternelles actions de graces.

Tome V.　　　　　　　　　Z

Cette priére plaintive convenoit à l'Eglise dans l'état d'opreffion où elle s'eft trouvée dans les premiers fiécles, & où elle peut fe trouver encore dans la fuite des tems , & dont elle ne fera pleinement vangée qu'au dernier jour.

PSEAUME LXXIX.

℣. 1. POur le premier des Chantres. Pseaume à chanter sur les instrumens à six cordes. Témoignage d'Asaph.

℣. 2. Ecoutez-nous, vous qui êtes le Pasteur d'Israël, qui conduisez Joseph comme un troupeau de brebis.

Vous qui êtes assis sur les Chérubins, faites éclater votre gloire ℣. 3. devant Ephraïm, Benjamin, & Manassé. Réveillez-vous; montrez votre puissance, & venez nous sauver.

℣. 4. O Dieu, con-

℣. 1. IN finem, pro iis, qui commutabuntur, testimonium Asaph; Psalmus.

℣. 2. Qui regis (ª) Israel, intende: qui deducis velut ovem Joseph.

Qui sedes super Cherubim, manifestare (ᵇ) ℣. 3. coram Ephraïm, Benjamin, & Manasse.

Excita potentiam tuam, & veni, ut salvos facias nos.

℣. 4. Deus, con-

____

(ª) pascens Israel, auribus percipe.

(ᵇ) splendesce, inclaresce.

verte (a) nos : & oſtende (b) faciem tuam, & ſalvi erimus.

℣. 5. *Domine, Deus virtutum* (c): *quouſque iraſceris* (d) *ſuper orationem ſervi* (e) *tui* ?

℣. 6. *Cibabis* (f) *nos pane lacrymarum : & potum* (g) *dabis nobis, in lacrymis, in menſurâ* (h).

℣. 7. *Poſuiſti nos in contradictionem* (i) *vicinis noſtris : & inimici noſtri ſubſannave-*

vertiſſez - nous : *ou,* faites - nous retourner à vous : faites luire ſur nous votre viſage, & nous ſerons ſauvés.

℣. 5. Seigneur, Dieu des armées, juſqu'à quand ferez-vous enflamé de colére contre la priére de votre peuple ?

℣. 6. Juſqu'à quand nous ferez-vous manger du pain de larmes ? Juſqu'à quand nous ferez-vous boire en * abondance l'eau de nos pleurs?

℣. 7. Vous nous avez mis en bute à nos voiſins,& nos ennemis nous ont inſulté avec outrage.

(a) *ou,* redire nos fac.

(b) lucere fac.

(c) exercituum.

(d) *Lett.* fumabis.

(e; *populi tui : ſi* , S. Jer. & les autres Interprétes Grecs.

* *Lettre :* avec une meſure grande, pleine.

(f) cibaſti eos.

(g) potum dediſti eis.

(h) Les LXX, ἐν μέτρῳ, *in menſurâ.* Sic Vat. de Muis, *in menſurâ magnâ,* Triental, שׁליש. Une Scholie ajoute, πλῆρες, *plenum.*

(i) contentionem.

runt nos.

℣. 8. Dieu des armées, convertissez - nous ; *ou*, faites - nous retourner à vous ; faites luire sur nous votre visage, & nous serons sauvés.

℣. 9. Vous avez transporté votre vigne de l'Egypte, vous avez chassé les Nations, & vous l'avez plantée (dans leur terre).

℣. 10. Vous lui avez préparé le lieu * ; vous lui avez fait prendre racine ; & elle a rempli la terre.

℣. 11. Son ombre a couvert les montagnes,

℣. 8. *Deus virtutum* (ᵃ)*, converte* (ᵇ) *nos : & ostende* (ᶜ) *faciem tuam, & salvi erimus.*

℣. 9. *Vineam de Ægypto transtulisti : ejecisti gentes, & plantasti eam.*

℣. 10. *Dux* (ᵈ) *itineris fuisti in conspectu ejus : & plantasti radices ejus, & implevit terram.*

℣. 11. *Operuit montes umbra ejus :*

(ᵃ) exercituum.
(ᵇ) *ou*, redire nos fac.
(ᶜ) lucere fac.
* *Lett.* nétoïé, débarassé, (en ôtant les pierres) ; *ou, selon les LXX & la Vulg.* Vous lui avez montré le chemin en marchant devant elle. Vous lui avez...

(ᵈ) Les LXX, *viam fecisti in...* du nom הנכ, *dux, princeps.* Les autres du *piel*, où il signifie, *expurgasti, expedivisti, præparasti,* nétoïer. Ce dernier paroît mieux convenir ici, comme au Ch. V, ℣. 2. d'Isaïe.

& arbusta (a) e-
jus cedros Dei.

℣. 12. Exten-
dit palmites suos us-
que ad mare : &
usque ad flumen
propagines ejus.

℣. 13. Ut quid
destruxisti (b) ma-
ceriam ejus : &
vindemiant eam
omnes qui præter-
grediuntur viam ?

℣. 14. Exter-
minavit (c) eam
aper de sylva: &
singularis (d) fe-
rus depastus est
eam.

℣. 15. Deus vir-
tutum (e) conver-
tere (f) : respice
de Cœlo, & vide,
& visita vineam
istam.

& ses branches les plus
hauts cédres.

℣. 12. Elle a étendu
ses pampres jusqu'à la
mer, & ses rejétons jus-
qu'au fleuve.

℣. 13. Pourquoi avez-
vous rompu sa clôture,
ou, sa haïe : pourquoi
soufrez-vous qu'elle soit
exposée au pillage de
tous les passans ?

℣. 14. Le sanglier de
la forêt la ravage, (la
foüille),& elle sert de pâ-
ture aux bêtes farouches.

℣. 15. Dieu des armées,
retournez à nous, je vous
prie : ou, je vous en conjure : regardez du Ciel ;
jétez les yeux sur cette
vigne, & visitez-la :

(a) rami.
(b) dirupisti macerias
ejus, & decerpunt eam...
(c) suffodiet, extat hîc
tantùm.
(d) & fera agri.
(e) exercituum.
(f) revertere quæso.

℣. 16. Et rétablissez celle que votre droite a plantée, & (donnez-nous) le Fils (de l'homme) que vous vous êtes ataché pour toujours.

℣. 17. Elle a été coupée & brûlée (par les ennemis) : mais les regards menaçans de votre visage les feront périr. *Ou, & si vous continuez d'arrêter sur elle vos regards menaçans, elle périra entiérement.*

℣. 18. Protégez par votre puissance l'homme de votre droite ; le Fils de l'homme que vous vous êtes ataché pour toujours.

℣. 16. *Et perfice* (ᵃ) *eam, quam plantavit dextera tua : & super Filium* (ᵇ) *hominis, quem confirmasti* (ᶜ) *tibi.*

℣. 17. *Incensa igni, & suffossa* (ᵈ) : *ab increpatione vultûs tui peribunt.*

℣. 18. *Fiat* (ᵉ) *manus tua super virum dexteræ tuæ : & super Filium hominis, quem confirmasti* (ᶠ) *tibi.*

(ᵃ) *plantam, seu, surculum,* וכנה. Les LXX & la Vulg. *ex* כון, *aptare,* καταρτισαι αὐτὴν. Le Chald. & les Rabbins traduisent, *surculus, planta,* par conjecture ; ce mot ne se trouve qu'ici.

(ᵇ) Les LXX, & la Vulg. ajoutent, *hominis,* du ℣. 18. D'autres par בן, entendent, *ramum.* Le Chald. l'entend du Messie.

(ᶜ) *roborasti.*

(ᵈ) *succisa.*

(ᵉ) *sit.*

(ᶠ) *roborasti.*

℣. 19. *Et* (ª) *non discedimus à te : vivificabis nos, & nomen tuum invocabimus.*

℣. 20. *Domine, Deus virtutum* (ᵇ)*, converte nos ; & ostende* (ᶜ) *faciem tuam, & salvi erimus.*

℣. 19. Et alors nous ne nous retirerons plus de vous. Rendez-nous la vie, & nous invoquerons votre nom.

℣. 20. Seigneur, Dieu des armées, convertissez-nous : *ou*, faites-nous retourner à vous : faites luire sur nous votre visage, & nous serons sauvés.

(ª) & non retrocedemus à te : vivifica nos.

(ᵇ) exercituum.

(ᶜ) lucere fac.

SUJET DU PSEAUME.

PREMIER SENS.

Les Juifs arrachés par les Babyloniens de leur Patrie désolée, & acablés de tous les maux d'une dure captivité, suplient instanment le Seigneur d'apaiser sa longue colére envers les tristes restes d'un peuple, qu'il avoit, depuis la sortie de l'Egypte, conduit lui-même comme son troupeau; qu'il avoit cultivé comme sa vigne; & qu'il s'étoit ataché comme son Fils; & de faire enfin éclater sa toute-puissance, en le délivrant des miséres & de l'oprobre de la servitude, & en le rétablissant avec avantage dans son ancien héritage. Ils promettent qu'après cet insigne bienfait, ils ne se retireront plus de son obéissance, quand il les aura une fois rapellés à lui; & qu'ils n'adresseront déformais qu'à lui seul leurs vœux, & leur culte.

SECOND SENS.

Les saints Peres découvrent dans cette triste peinture, une captivité plus

funeſte du genre humain, qui, tombé
par le péché ſous la tyrannie du Démon,
conjure Dieu, par la bouche des anciens Juſtes, de ſe laiſſer atendrir par
la vûë des longues miſéres qui afli-
gent les hommes, dont malgré leur
indignité, il n'a pas ceſſé d'être le
Paſteur, le Protecteur, & le Roi;
& d'envoïer enfin le Sauveur promis pour rendre la vie, la liberté &
le ſalut éternel par une ſincére converſion, & pour les fixer à jamais dans
le culte du vrai Dieu.

III. Sens.

Ces deux ſens, quoique vrais, ne
donnent pas au Pſeaume toute ſon
étenduë, & nous obligent d'en cher-
cher encore un autre qui le rempliſſe
entiérement. Pour entrer dans ce troiſiéme ſens, il faut obſerver,

1°. Que la priére ardente de ce Cantique, n'eſt faite qu'en faveur, &
qu'au nom des Tribus d'Ephraïm, de
Manaſſé, & de Benjamin, ſans qu'aucune des autres Tribus ſoit nommée;
& que dans les deux explications pré-
cédentes, on ne peut rendre aucune
raiſon de cette préférence pour les
unes, & de ce ſilence afecté ſur tou-

tes les autres. Car dans le premier
fens, qui regarde la captivité de Babylone, les Tribus d'Ephraïm & de
Manaſſé, bien loin d'être l'objet des
promeſſes de Dieu, & des vœux des
Prophétes, par leur retour en Judée, ſemblent plûtôt en être excluës,
& y avoir renoncé elles-mêmes; puiſqu'elles n'eurent aucun empreſſement
pour profiter de la liberté générale
acordée par l'Edit de Cyrus, & qu'elles ne ſongerent point à ſe joindre à la
Tribu de Juda pour retourner dans
leur Patrie, ni ſous Zorobabel, ni
ſous Eſdras, ni ſous Néhémie. Dans
le ſecond ſens, qui eſt l'Evangélique,
il eſt contre toute l'analogie de la
foi de borner aux ſeuls enfans de Rachel les promeſſes & les fruits de l'Incarnation, leſquels apartiennent non-
ſeulement à toutes les Tribus d'Iſraël,
mais à toutes les Nations du monde,
dont les ſeuls fils de Rachel ne peuvent être la figure.

2°. Joſeph & Benjamin, ſeuls fils
de Rachel, l'épouſe la plus aimée, &
l'unique recherchée par Jacob ; nés
les derniers de leurs freres, dans la
vieilleſſe de leur Pere, & les plus
tendrement chéris de lui, ſont très-
propres à repréſenter les Juifs de la

fin des tems , & les derniers reftes de la famille de Jacob , qui feront rapellés à la foi de leurs ancêtres , qui répareront les anciennes ruines de leur Nation , qui rentreront dans tous les priviléges de leurs Peres , & les porteront plus loin qu'eux ; & fur qui les Prophétes nous aprennent que Dieu prendra plaifir à verfer fes plus abondantes bénédictions avec une prédilection particuliére.

3º. Il eft clair que les Juifs ne font cette priére du Pfeaume , qu'après un abandon général de Dieu , qu'après la perte de tous leurs priviléges , qu'après leur difperfion dans tous les peuples , dont ils éprouvent depuis long-tems l'opreffion & l'infulte , & où ils portent tout le poids d'une colére inéxorable. Tous ces caractéres ne peuvent convenir qu'à l'état miférable , où ils ont été réduits après leur renoncement à JESUS-CHRIST , & dont ils ne peuvent efpérer la fin qu'en retournant à lui par la foi.

C'eft pour ces derniers Juifs , pour ces reftes malheureux , que les faints Patriarches , les anciens Prophétes , les fidéles les plus éclairés dans le cours des fiécles , uniffent ici leurs voix , pénétrés d'un zéle ardent , & d'une com-

paſſion tendre pour leurs enfans, &
pour leurs freres. Ils conjurent JE-
SUS-CHRIST de ſortir enfin des ténébres où il s'eſt caché , pour punir l'a-
veuglement volontaire de ſon peuple ;
de ſe réconcilier avec ſon ancien troupeau ; d'étendre encore ſon bras puiſſant pour le tirer du plus long mal-
heur qu'il ait éprouvé ; de renouveller les prodiges qu'il fit autrefois pour
délivrer de l'Egypte la maiſon de Jacob , & pour l'établir avec éclat dans
l'héritage promis ; de lui rendre ſa faveur & ſes priviléges après une parfaite converſion ; & de le rapeller des ombres de la mort à ſon admirable lumiére, & à une vie nouvelle, où il ne
ſoit ocupé qu'à publier les loüanges
de ſon Libérateur.

PSEAUME LXXX.

℣. 1. IN finem, pro (ᵃ) torcularibus, Psalmus ipsi Asaph.

℣. 2. Exultate (ᵇ) Deo adjutori (ᶜ) nostro : jubilate Deo Jacob.

℣. 3. Sumite Psalmum (ᵈ), & date tympanum: (ᵉ) psalterium jucundum cum cithara.

℣. 4. Buccinate in neomenia tuba ; in (ᶠ) insigni die solemnitatis ves-

℣. 1. POur le Maître des Chantres. (Pseaume) d'Asaph, qui doit être chanté sur la guitare de Geth.

℣. 2. Poussez des cris de joïe en l'honneur de Dieu, qui est notre force : faites éclater les loüanges du Dieu de Jacob.

℣. 3. Prenez les instrumens de musique, faites retentir les tymbales, les harpes harmonieuses, & les luths.

℣. 4. Sonnez de la trompette en ce premier jour du mois, en ce grand jour de notre fête

---

(ᵃ) Voïez ce qui est dit sur le titre du Ps. VIII.

(ᵇ) cantate.

(ᶜ) fortitudini nostræ.

(ᵈ) canticum.

(ᵉ) citharam jucundam cum nablo.

(ᶠ) in feriâ stativâ ad diem festivitatis nostræ, בכסה כסם : numeravit.

ſolennelle :

℣. 5. Parce que c'eſt un ordre qui a été donné à Iſraël, & un réglement qui a été établi en l'honneur du Dieu de Jacob.

℣. 6. (Le Seigneur) a inſtitué cette fête pour être un monument (aux deſcendans) de Joſeph, lorſque (nos Peres) ſortirent de la terre d'Egypte, où ils entendoient parler une langue qui leur étoit étrangére.

℣. 7. J'ai déchargé, dit-il, vos épaules du fardeau dont on les acabloit ; & vos mains ont ceſſé d'être aſſujéties aux ouvrages d'argile.

tra.

℣. 5. *Quia præceptum* (a) *in Iſrael eſt : & judicium Deo Jacob.*

℣. 6. *Teſtimonium in Joſeph poſuit illud, cùm exiret* (b) *de terrâ Ægypti: linguam, quam* (c) *non noverat, audivit.*

℣. 7. *Divertit* (d) *ab oneribus dorſum ejus : manus ejus in* (e) *cophino ſervierunt* (f).

(a) ſtatutum Iſraeli eſt hoc.

(b) ſuper terram, על.

(c) [*quam*] *non noveram, audivi.* Le Grec, & la Vulg. ont changé la premiere perſonne en la troiſiéme.

(d) recedere feci ab onere humerum ejus.

(e) ab ollâ receſſerunt, *vel*, à ſportâ, à calato, à pelvi, מדוד.

(f) LXX ἐδέλευσαν, תעברנה, pour תעברנה, *receſſerunt*, & pour faire un ſens, ont changé, *ab*, du Texte, en, *in*.

℣. 8. *In tribu-*
latione invocasti me
(a), & liberavi
te ; exaudivi te in
abscondito tempes-
tatis (b) : probavi
te apud aquam con-
tradictionis (c).

℣. 8. Vous avez im-
ploré mon secours dans
votre affliction, & je vous
ai délivrés : je vous ai
éxaucés du milieu des
tonnerres où j'étois ca-
ché. *Ou*, en vous mettant
à couvert des tonnerres
dont je frapois les Egyp-
tiens : *ou*, qui brisoient
les chariots des Egyp-
tiens. Je vous ai éprou-
vés aux eaux de contra-
diction. Sélah.

℣. 9. *Audi (d)*
populus meus, &
contestabor te : If-
rael, si audieris
me, non (e) erit
in te Deus recens
(f), neque adora-
bis Deum alienum.

℣. 9. (Je vous avois
dit) : mon peuple , é-
coutez - moi : Je vous
proteste, Israël, si vous
m'obéissez ; si vous n'a-
vez point parmi vous
d'autre Dieu, & si vous
n'adorez point un Dieu
étranger :

℣. 10. *Ego enim*
sum Dominus Deus
tuus, qui eduxi (g)

℣. 10. (Puisque c'est
moi seul qui suis le Sei-
gneur votre Dieu , qui

(a) *me*, al est in Hebr.
(b) tonitrui.
(c) *Meribah.* Sélah.
(d) sousentendu , *ac*
dixi , je dis alors.

(e) répétez , *si* , du
membre précédent.
(f) extraneus.
(g) ascendere faciens
te.

vous ai retiré de la terre de l'Egypte) : que vous pourrez me demander tout ce que vous voudrez, & je satisferai vos désirs.

te de terrâ Ægypti : dilata os tuum, & implebo illud.

℣. 11. Mais mon peuple n'a point obéï à ma voix, Israël n'a point voulu m'écouter.

℣. 11. *Et (ᵃ) non audivit populus meus vocem meam : & Israel non intendit (ᵇ) mihi.*

℣. 12. Et je les ai abandonnés aux désirs corrompus de leur cœur : ils ont suivi l'égarement de leurs pensées.

℣. 12. *Et dimisi eos secundùm (ᶜ) desideria cordis eorum : ibunt in adinventionibus (ᵈ) suis.*

℣. 13. O si mon peuple m'avoit obéï : si Israël avoit marché dans les voïes que je lui avois prescrites ;

℣. 13. *Si (ᵉ) populus meus audisset me : Israel si in viis meis ambulasset.*

℣. 14. J'aurois bien-

℣. 14. *Pro (ᶠ)*

(ᵃ) *Et*, a ici la force de, *sed*, mais.

(ᵇ) acquievit, voluit

(ᶜ) בשרירות. La Vulg. traduit ailleurs, *pravitatem*. Les LXX, tantôt ἀποπλάνησιν, tantôt ἐπιτηδεύματα : ici ἐπιτηδεύματα.

Chald. *cogitationes, imaginationes.* Lyr. David, *prava, & insidiosa cordis intentio.*

(ᵈ) consiliis.

(ᵉ) utinam, ô si, ...

(ᶠ) citò, brevi momento.

nihilo forsitan (ª) inimicos eorum humiliassem: & super tribulantes eos misissem (ᵇ) manum meam.

tôt humilié ses ennemis; & j'aurois tourné ma main contre ceux qui l'opriment.

℣. 15. *Inimici (ᶜ) Domini mentiti sunt ei : & (ᵈ) erit tempus (ᵉ) eorum in sæcula.*

℣. 15. Les ennemis du Seigneur auroient été convaincus de s'être trompés, en comtant sur leurs vains éforts ; & le bonheur de mon peuple auroit toujours duré.

℣. 16. *Et cibavit (ᶠ) eos ex adipe frumenti : & de petrâ melle saturavit (ᵍ) eos.*

℣. 16. Il les auroit nourris de la fleur du plus pur froment ; & il les auroit rassasiés du miel tiré de la pierre.

(ª) *forsitan*, n'est pas dans l'Hébreu.

(ᵇ) vertissem.

(ᶜ) odientes Dominum mentiti essent ei.

(ᵈ) & fuisset.

(ᵉ) Nobilius observe

que, *tempus eorum*, signifie chez les Syriens, & les Hébreux, *calamitates eorum*, & est pris en mauvaise part.

(ᶠ) cibasset eum.

(ᵍ) saturassem &c.

OCASION DU PSEAUME.

Ce Cantique paroît avoir été com- Lévit. XXIII,
posé pour la célébration de la fête des ²⁴. Nomb.
Trompettes, que Dieu avoit atachée XXIX, 1.
au premier jour du septiéme mois. Plusieurs croïent même qu'il peut convenir à tous les premiers jours des mois,
qui étoient fêtés parmi les Juifs, & dont
la solennité étoit acompagnée du son
éclatant des Trompettes sacrées.

SUJET DU PSEAUME.

Le Prophéte exhorte les Israëlites à ℣. 1-8.
chanter avec des transports de joïe les
loüanges du puissant protecteur de Jacob, & à solenniser, au son de toutes sortes d'instrumens, une fête que
Dieu a lui-même instituée, pour être
un monument éternel de la bonté avec
laquelle il écouta leurs gémissemens
en Egypte, & les afranchit des travaux aussi pénibles que honteux, dont
un peuple barbare les acabloit.

Mais ils ne conserverent pas long- ℣. 8-10.
tems la mémoire de cet insigne bienfait ; & la diséte d'eau découvrit bien-
tôt leur ingratitude. Car quoique Dieu,

après le paſſage de la Mer rouge, près
des eaux de Mara (ᵃ) , ne leur eût demandé d'autre reconnoiſſance & d'autre culte, que de n'adorer que lui ſeul,
puiſqu'il venoit de prouver qu'il étoit
ſeul leur Dieu & leur Libérateur ; &
qu'il leur eût promis de récompenſer
leur fidélité de tous les biens qu'ils
pourroient déſirer , ils ont refuſé opi-
niâtrément de lui obéïr.

℣. 11-16. Pour punir le refus de ſe ſoumettre
à une condition ſi juſte & ſi facile ,
Dieu les a abandonné à l'égarement,
& à la dureté de leur cœur : au lieu
de leur acorder une promte & entiére
victoire ſur leurs ennemis , & de les
combler d'une proſpérité qui auroit
toujours duré.

(ᵃ) Les eaux d'a-
méres qu'elles étoient,
devinrent douces. Dieu
leur donna en ce lieu
des préceptes & des or-
donnances , & il y é-
prouva ſon peuple , en
diſant: " Si vous écou-
„ tez la voix du Sei-
„ gneur votre Dieu , &
que vous faſſiez ce "
qui eſt juſte devant "
ſes yeux… je ne vous "
fraperai point de tou- "
tes les langueurs dont "
j'ai frapé l'Egypte : "
parce que je ſuis le "
Seigneur qui vous "
guéris „. Exod. XV,
25. 26.

PSEAUME LXXXII.

℣. 1. PSeaume d'A-saph, qui doit être chanté.

℣. 2. O Dieu, ne vous tenez plus dans le silence : ne diſſimulez plus, ô Dieu puiſſant, & ne demeurez plus ſans agir.

℣. 3. Car voilà vos ennemis qui frémiſſent avec un grand bruit : voilà ceux qui vous haïſſent, qui lévent la rête.

℣. 4. Ils ont formé des deſſeins pleins d'artifice contre votre peuple : ils ont conſpiré contre ceux que vous tenez cachés (ſous l'ombre de vos aî-

℣. 1. CAnticum Pſalmi Aſaph.

℣. 2. Deus, (a) quis ſimilis erit tibi? ne taceas (b), neque compeſcaris (c) Deus.

℣. 3. Quoniam ecce inimici tui ſonuerunt (d), & qui oderunt te, extulerunt caput.

℣. 4. Super populum tuum malignaverunt (e) conſilium : & cogitaverunt (f) adverſus (g) ſanctos

---

(a) ne ſilentium tibi [ſit]. Les L X X, τίς ὁμοιωθήσεταί σοι; du même דמה, ſiluit, ou, ſimilis fuit.

(b) ou, ne ſurdum agas, חרש, ſignifie l'un & l'autre.

(c) quieſcas.

(d) tumultuati ſunt.

(e) callidi inierunt ſecretum.

(f) conſultaverunt adverſus abſconditos tuos.

(g) Sym. Aq. Theod. adverſus abſconditum tuum. Hier. adverſus arcanum tuum conſilia inierunt.

tuos.

les).

℣. 5. Dixerunt : venite, & disperdamus (ᵃ) eos de Gente : & non memoretur nomen Israel ultrà.

℣. 5. Ils ont dit : venez, exterminons-les de maniere qu'ils ne composent plus une Nation, & que l'on ne se souvienne plus du nom d'Israël.

℣. 6. Quoniam cogitaverunt (ᵇ) unanimiter ; simul adversùm te testamentum (ᶜ) disposuerunt ℣. 7. tabernacula Idumæorum & Ismaelitæ : Moab , & Agareni , ℣. 8. Gebal , & Ammon , & Amalec : alienigenæ (ᵈ) cum habitantibus Tyrum.

℣. 6. Ils ont pris conseil ensemble avec un concert unanime , *ou ,* dans un même esprit : ils ont fait une ligue contre vous.

℣. 7. Les troupes des Iduméens, les Ismaëlites, les Agaréens ,

℣. 8. Les peuples de Gébal , les Ammonites , les Amalécites , les Philistins avec les habitans de Tyr.

℣. 9. Etenim (ᵉ) Assur venit cum illis : facti sunt in (ᶠ) adjutorium fi-

℣. 9. Les Assyriens se font aussi unis, *ou,* ligués avec eux : ils ont prêté leurs forces aux enfans

---

(ᵃ) exscindamus eos.

(ᵇ) consilium inierunt corde simul.

(ᶜ) fœdus pepigerunt.

(ᵈ) Palestina.

(ᵉ) etiam Assur adjunctus fuit cum illis.

(ᶠ) brachium filiis Loth. Selah.

de Loth. Sélah.

℣. 10. Traitez - les comme vous avez fait les Madianites; comme vous avez traité, près du torrent de Cisson, Sisara, & (le Roi) Jabin,

℣. 11. Qui périrent à Endor, & devinrent le fumier de la terre.

℣. 12. Traitez leurs Princes comme Oreb & Zeb, comme Sebée & Salmana.

℣. 13. Tous leurs Princes qui disent: allons nous emparer (des demeures de Dieu), ou, du païs où Dieu a établi sa demeure.

℣. 14. Mon Dieu, faites - les tourner comme une rouë : dissipez - les comme le vent dissipe la poussiére;

℣. 15. Comme le feu

liis Loth.

℣. 10. *Fac illis sicut Madian, & Sisaræ : sicut Jabin in torrente Cisson.*

℣. 11. *Disperierunt in Endor : facti sunt ut (ᵃ) stercus terræ.*

℣. 12. *Pone Principes eorum sicut Oreb, & Zeb, & Zebee, & Salmana.*

Omnes Principes eorum : ℣. 13. *qui dixerunt : hæreditate possideamus (ᵇ) Sanctuarium Dei.*

℣. 14. *Deus meus, pone illos ut rotam : & sicut stipulam ante faciem venti.*

℣. 15. *Sicut ig-*

(a) *ut*, n'est pas dans l'Hébreu.

(ᵇ) possideamus nobis habitacula Dei.

brûle les forêts , comme la flame embrase les montagnes.

℣. 16. Poursuivez-les ainsi par vos tempêtes ; & jétez-les dans le trouble par vos tourbillons.

℣. 17. Couvrez leur visage d'ignominie , afin qu'ils invoquent votre nom , Seigneur.

℣. 18. Que leur honte & leur épouvante soient éternelles : qu'ils demeurent dans la confusion , & qu'ils périssent.

℣. 19. Qu'ils connoissent que vous êtes celui qui s'apelle le Seigneur : que vous êtes seul le Très-haut (qui domine) sur toute la terre.

nis , qui comburit silvam : & sicut flamma comburens montes :

℣. 16. Ita persequeris illos in tempestate tua : & in ira (a) tua turbabis eos.

℣. 17. Imple facies eorum ignominia : & quærent nomen tuum , Domine.

℣. 18. Erubescant & conturbentur in sæculum sæculi : & (b) confundantur , & pereant.

℣. 19. Et cognoscant quia (c) nomen tibi Dominus : tu solus Altissimus in omni terra.

(a) in turbine tuo.
(b) opprobrio afficiantur.
(c) quòd tu , nomen tuum Dominus , solus tu Altissimus super omnem terram.

Ocasion

OCASION DU PSEAUME.

Les Interprétes font partagés fur l'événement qui a donné ocafion à ce Pfeaume. Les uns le mettent fous le Régne de Jofaphat, lorfqu'il fut ataqué par l'invafion fubite des Iduméens, des Ammonites, & des Moabites. Les autres le raportent aux guerres que les Juifs, après le retour de Babylone, eurent à foutenir contre la jaloufie de leurs voifins. Les derniers le renvoïent au tems des Maccabées. Mais ni les uns ni les autres ne peuvent expliquer par leur plan toutes les circonftances du Pfeaume, ni en faire une liaifon fuivie.

Il vaut mieux ne point déterminer une priére que le S. Efprit a laiffée dans une généralité, qui pût convenir aux diférentes épreuves de l'Eglife, afin que chaque fiécle vît en partie l'acompliffement de cette Prophétie, jufqu'à ce qu'elle le foit parfaitement au dernier jour.

SUJET DU PSEAUME.

Les Ifraëlites éfraïés de la confpi-

ration fubite & générale de toutes les
Nations voifines, qui ont juré leur
perte, preffent le Seigneur par les
plus vives inftances, de ne plus diférer fon fecours contre des ennemis
pleins d'infolence & d'artifice, qui
ofent l'ataquer lui-même dans fon
peuple, & qui veulent abolir fon culte, en exterminant fes feuls adorateurs.

℣. 10-12. Ils lui propofent l'éxemple des cé-
lébres défaites des Cananéens par Ba-
rac, & des Madianites par Gédéon,
où une poignée d'Ifraëlites défit, par
la terreur de la Majefté divine, des
armées innombrables, qui s'éforçoient
d'ufurper l'héritage du Seigneur.

℣. 13-19. Ils le prient de renouveller ces deux
prodiges en faveur d'un peuple foible
& tremblant, en fe hâtant de diffiper,
de confumer, de perdre fans retour
ces nouveaux ufurpateurs; & en for-
çant les miférables reftes qui échape-
ront à la ruine générale, de confeffer
malgré eux avec honte, que celui qui
a fi rigoureufement vangé fon peuple, eft feul le Seigneur, feul l'arbi-
tre fouverain de toute la terre.

PSEAUME LXXXIII.

℣. 1. POur le premier des Chantres…. Pseaume d'Asaph, qui doit être chanté par les enfans de Coré, sur la guitare de Geth.

℣. 2. Que vos Tabernacles sont aimables, ô Seigneur des Armées !

℣. 3. Mon ame languit, & se consume du désir d'entrer dans la maison du Seigneur ; mon cœur & ma chair tressaillent d'empressement pour le Dieu vivant.

℣. 4. Le passereau trouve bien une demeure, & l'hirondelle un nid pour y mettre ses pe-

℣. 1. *IN finem, pro torcularibus filiis Core, Psalmus.*

℣. 2. *Quam dilecta Tabernacula tua, Domine virtutum* (a) ! ℣. 3. *Concupiscit, &* (b) *defecit anima mea in* (c) *atria Domini.*

Cor meum, & caro mea exultaverunt in (d) *Deum vivum.*

℣. 4. *Etenim* (e) *passer invenit sibi domum, & turtur* (f) *nidum sibi.*

(a) exercituum.
(b) & etiam.
(c) ad.
(d) ad.

(e) etiam.
(f) *hirundo*, דרור. Les LXX, la Vulg. & le Chald. ont lû *turtur*, en lisant תור

ubi ponat pullos suos.

Altaria tua, Domine virtutum (a) : *Rex meus, & Deus meus.*

℣. 5. *Beati, qui habitant in domo tua, Domine! in* (b) *sæcula sæculorum laudabunt te.*

℣. 6. *Beatus vir cujus est auxilium* (c) *abs te; ascensiones in corde suo* (d) *disposuit* (e), ℣. 7. *in valle lacrymarum* (f) *in*

tits : (que je puisse aussi trouver une retraite auprès de) vos Autels , ô Seigneur des armées , mon Roi & mon Dieu !

℣. 5. Heureux ceux qui habitent continuellement dans votre maison, & qui y chantent vos loüanges sans interruption !

℣. 6. Heureux au moins ceux, qui aïant dans le cœur le désir de se rendre auprès de vous, n'atendent que de vous leur force :

℣. 7. Qui passant par

(a) exercituum.

(b) Ainsi les LXX, Hebr. עוד, *adhuc, deinceps, assiduè, perpetuò.*

(c) fortitudo ipsi in te, viæ in corde eorum. *Chald.* spes.

(d) L'Hébreu finit le verset, *à corde suo,* & réserve le mot qui répond à *disposuit,* pour le verset suivant, selon Theodoret & une ancienne Scholie.

Traduisez : *Transeuntes per vallem fletûs, fontem ponunt eam, etiam (ponunt eam) piscinas (quas) operit pluvia : id est, convertunt eas in fontem, & piscinas.*

(e) *Hebr.* transeuntes.

(f) Les LXX de même de בכה, *flevit,* ה pour א. Les modernes traduisent, *mori,* de *murir,* mal.

la valée séche & aride, y creusent des fontaines & des citernes que les eaux du Ciel remplissent. Sélah.

℣. 8. Et qui redoublent leur ardeur en marchant, jusqu'à ce qu'ils voïent le Dieu des Dieux en Sion.

℣. 9. Seigneur Dieu des armées, éxaucez ma priére : daignez m'entendre, ô Dieu de Jacob. Sélah.

℣. 10. O Dieu, qui êtes notre bouclier, regardez-nous, & jétez les yeux sur le visage de votre CHRIST.

℣. 11. Car un seul jour dans votre maison

loco, (a) quem posuit.

℣. 8. Etenim benedictionem (b) dabit Legislator (c), ibunt de virtute in virtutem : videbitur Deus Deorum in Sion.

℣. 9. Domine Deus virtutum, exaudi orationem meam: auribus percipe Deus Jacob.

℣. 10. Protector (d) noster, aspice Deus: & respice in faciem Christi tui.

℣. 11. Quia melior est dies una

(a) Hebr. *fontem* מעין. Les LXX ont lû, מעון, *locum.*

(b) ברכות , signifie aussi, *piscines, citernes*

(c) comme les LXX.

S. Jer. *Doctor,* מורה. Ils l'ont dérivé de ירה en hiphil , הורה , *docuit.* Il signifie aussi *pluvia.*

(d) clypeus.

in atriis tuis, super millia.

Elegi abjectus (a) *esse in domo Dei mei, magis quàm habitare in tabernaculis* (b) *peccatorum.*

℣. 12. *Quia* (c) *misericordiam, & veritatem diligit Deus: gratiam, & gloriam dabit Dominus.*

℣. 13. *Non privabit* (d) *bonis eos, qui ambulant in innocentia: Domine virtutum* (e)*, beatus homo, qui sperat in te.*

vaut mieux que mille (partout ailleurs). J'aime mieux être sur le pas de la porte dans la maison de mon Dieu, que d'habiter dans les tentes des méchans.

℣. 12. Car le Seigneur Dieu est notre soleil & notre bouclier. Le Seigneur nous donnera sa grace & sa gloire.

℣. 13. Il ne refusera pas ses biens à ceux qui marchent dans l'innocence. Seigneur des armées, heureux est celui qui met son espérance en vous.

(a) חסתופף, ad limen manere, liminare de inusitato סֶף, undè limen סַף.

(b) impietatis.

(c) quia sol, & scutum Dominus Deus, כי שמש ומגן יהוה, *sic Aq. Sym. Hier.* Mais Theodot. a, ἔλεον καὶ ἀλήθειαν ἀγαπᾶ, on ne sait sur quoi fondé. Les LXX & la Vulg. l'ont suivi.

(d) non cohibebit bonum ambulantibus in integritate.

(e) exercituum.

OCASION ET SUJET DU PSEAUME.

David pénétré de douleur de se voir ℣. 2-8. bani de la vûë du Sanctuaire par la révolte d'Absalom , expose le désir ardent qu'il a d'être rapellé à Sion , où Dieu manifeste sa présence , & répand ses consolations. Réduit par son éxil à une plus triste condition , que celle des oiseaux qui trouvent du repos dans leurs retraites & leurs nids , il porte une sainte envie au bonheur de ceux qui sont en possession de passer tous les jours de leur vie à chanter dans le Tabernacle les loüanges du Seigneur ; ou qui ont du moins la liberté de s'y rendre des contrées les plus éloignées par des chemins dificiles , dont l'espérance de se présenter devant le Dieu souverain , adoucit la peine.

Il suplie le Seigneur , qui joint la ℣. 9-13. puissance à la bonté , d'acorder la même faveur aux vœux empressés de celui qu'il a lui-même sacré Roi de son peuple ; puisqu'il préfére la satisfaction d'une journée passée dans la maison de son Dieu , & même à la derniere place , aux vaines joïes des im-

B b iiij

pies : & il eſt plein de confiance, que
le Seigneur, qui eſt la lumiére & la
sûreté des perſonnes innocentes & affli-
gées, ne leur refuſera pas ſa grace,
& ſa gloire, & même ſes plus prétieux dons, lorſqu'ils ne mettront leur
eſpérance que dans un Protecteur ſi
puiſſant, & ſi fidéle.

S E C O N D S E N S.

Mais céci n'eſt pas tant le véritable ſujet du Pſeaume, que l'ocaſion.
Des déſirs ſi brûlans de revoir un
Sanctuaire matériel, & de rentrer
dans la terre de Sion, ne ſont pas aſ-
ſez dignes de la lumiére, & de l'a-
mour d'un homme ſi ſpirituel, & qui
ſavoit que la foi pouvoit lui rendre
Dieu préſent, & le dédommager par
le cœur, de la perte que faiſoient les
ſens. Auſſi les ſaints Peres s'acordent
à ne voir ſous ces images rien que de
céleſte, de divin, d'éternel; à croire que le Saint Eſprit n'a pas prodi-
gué des termes ſi vifs, & des mouvemens ſi paſſionnés, pour ſe borner à
un objet temporel & paſſager. Et l'E-
gliſe Chétienne ne continuëroit pas
à chanter ce Cantique, après la ruine
de Jéruſalem, & de ſon Temple, ſi

elle n'y reconnoiſſoit l'expreſſion naturelle des ſes ſentimens, & les gages
certains de ſon eſpérance : ſi elle n'y
voïoit la peinture de la félicité, après
laquelle elle ſoupire, & les charmes
raviſſans de cette demeure éternelle,
où régnent la paix, la ſécurité, & la
gloire ; & où l'ocupation unique ſera
d'aimer toujours une beauté infiniment aimable, & de la loüer ſans ſe
laſſer : ſi elle n'y découvroir, en atendant cet heureux terme, une conſolation préſente, capable d'eſſuïer les
larmes d'un éxil, environné encore
de périls & de tentations ; & l'aſſurance d'une protection toute puiſſante,
& toujours atentive, qu'elle ne doit
qu'au mérite de ſon Sauveur & de ſon
Roi ; & qui la ſoutient dans ſa marche, l'éclaire dans ſes doutes, la dé-
fend contre ſes ennemis, & lui rendra la vûë & la joüiſſance de ſon bien-
aimé.

PSEAUME LXXXIV.

℣. 1. *IN finem, filiis Core, Psalmus.*

℣. 1. POur le Maître des Chantres, Pseaume qui doit être chanté par les enfans de Coré.

℣. 2. *Benedixisti* (a)*, Domine, terram tuam : avertisti* (b) *captivitatem Jacob.*

℣. 2. Aïez, Seigneur, de la bonté pour votre terre : délivrez Jacob de captivité.

℣. 3. *Remisisti* (c) *iniquitatem plebis tuæ : operuisti omnia* (d) *peccata eorum.*

℣. 3. Otez & portez l'iniquité de votre peuple : couvrez tous ses péchez. Sélah.

℣. 4. *Mitigasti* (e) *omnem iram tuam : avertisti ab irâ indignationis tuæ.*

℣. 4. Apaisez entierement votre colére : calmez les mouvemens de votre indignation.

(a) benevolus fuisti, complacuisti. LXX, εὐδό-κησας. La Vulgate a lû, εὐλόγησας.

(b) reduxisti.

(c) tulisti.

(d) omne peccatum eorum. *Sélah.*

(e) collegisti, retraxisti, removisti.

℣. 5. Faites-nous retourner à vous, ô Dieu qui êtes notre Sauveur ; détournez votre indignation de dessus nous.

℣. 6. Serez-vous toujours irrité contre nous ? Ferez-vous durer votre colére dans la suite de tous les âges ?

℣. 7. Ne nous rendrez-vous pas de nouveau la vie, en vous réconciliant avec nous ? afin que votre peuple se réjoüisse en vous.

℣. 8. Faites-nous sentir les éfets de votre bonté, Seigneur ; & donnez-nous le Sauveur que vous devez envoïer.

℣. 9. J'écouterai ce que le Seigneur tout-

℣. 5. *Converte nos Deus, falutaris* (ᵃ) *nofter : & averte* (ᵇ) *iram tuam à nobis.*

℣. 6. *Numquid in æternum irafceris nobis ? aut extendes iram tuam à generatione in generationem ?*

℣. 7. *Deus,* (ᶜ) *tu converfus vivificabis nos: & plebs tua lætabitur in te.*

℣. 8. *Oftende* (ᵈ) *nobis, Domine, mifericordiam tuam : & falutare tuum da nobis.*

℣. 9. *Audiam quid loquatur* (ᵉ)

______

(a) falutis noftræ.

(ᵇ) הָפֵר *irritam fac, diffipa.*

(ᶜ) an non tu converteris vivificabis nos ? *c'eft-à-dire,* an non rurfus vivificabis nos ? *ou,* an non reconciliatus nobis vitam reddes ?

(ᵈ) fac nos videre benignitatem tuam.

(ᵉ) *quid loquetur,* felon les LXX, & tous les Grecs.

in (a) *me Dominus Deus: quoniam loquetur pacem in* (b) *plebem suam;*

Et super (c) *Sanctos suos, & in eos* (d) *qui convertuntur ad cor.*

℣. 10. *Veruntamen* (e) *propè timentes eum salutare* (f) *ipsius: ut inhabitet gloria in terra nostra.*

℣. 11. *Misericordia & veritas ob-*

puissant me dira : car il me dira des paroles de paix pour son peuple, pour ses Saints, & pour ceux qui se convertissent du fond du cœur : *Ou*, afin qu'ils ne retombent plus dans leurs folies. Sélah.

℣. 10. Certainement le Sauveur qu'il doit envoïer, est bien près d'ariver pour ceux qui le craignent. Il fera bientôt habiter sa gloire dans notre terre.

℣. 11. La miséricorde & la vérité se rencon-

(a) *in me*, abest in Hebr.
(b ad.
(c) ad.
(d) ואל ישובו לבסלה, *& non revertentur ad stultitiam.* כסל, signifie ordinairement, *stultitia*, quelquefois, *ilia*. Lev. III, 4. & Ps. XXXVII, 8. Les LXX ont, *& in eos qui convertunt cor ad ipsum.* Sic Aug. Ambr. vetus Psalt. Ils ont lû, en changeant quelques lettres, ואל ישובו לבמ לה, & ponctuant אל, autrement qu'il ne l'est aujourd'hui, ils ont lû *el*, qui signifie *ad*; au lieu de *al*, qui signifie *non*. Il paroît qu'il est plus simple de lire, ואל ישובו לב סלה, *& in* (*eos qui*) *convertentur corde.* Sélah

(e ; אך, certè, profectò.
(f) salus ejus.

viaverunt sibi (ᵃ) : justitia & pax osculata sunt.

℣. 12. *Veritas de terra* (ᵇ) *orta est : & justitia de Cœlo prospexit.*

℣. 13. *Etenim* (ᶜ) *Dominus dabit benignitatem* (ᵈ): *& terra nostra dabit fructum suum.*

℣. 14. *Justitia ante eum ambulabit* (ᵉ) : *& ponet in via gressus* (ᶠ) *suos.*

treront ; la justice & la paix s'entrebaiseront.

℣. 12. La vérité germera de la terre, & la justice nous regardera (favorablement) du Ciel.

℣. 13. Oui : le Seigneur donnera le bien par excélence, & notre terre produira son fruit.

℣. 14. La justice marchera devant lui, & il conduira ses pas dans la (droite) voïe.

(ᵃ) *sibi ;* abest in Hebræo.

(ᵇ) germinabit.

(ᶜ) etiam.

(ᵈ) bonum, הטוב.

(ᵉ) ou, *ambulare faciet* *justitiam ante se,* יהלך, signifie l'un & l'autre.

(ᶠ) Ies LXX , *ejus,* αὐτȢ, & tous les Grecs; & non pas αὐτῆς.

OCASION ET SUJET DU PSEAUME.

Les expreſſions & les ſentimens de ce Cantique ſont trop ſublimes, & trop étendus pour être bornés à la captivité de Babylone, qui n'en eſt tout au plus que le voile. Les Rabbins mêmes, d'acord en ce point avec les Peres de l'Egliſe, l'entendent de l'afranchiſſement que la venuë du Meſſie doit aporter à ſon peuple oprimé, & captif.

Ce Pſeaume a deux Parties. La premiére contient une ardente priére des captifs pour hâter la venuë du Sauveur : La ſeconde, l'aſſurance de ſa venuë prochaine, & des fruits merveilleux dont elle ſera acompagnée.

I PARTIE.
℣. 2-8.

Tous les anciens Juſtes, vivement touchés des miſéres du genre humain, conjurent le Seigneur d'arrêter enfin le cours de ſa longue colére ; de lever, par une bonté toute gratuite, l'anathéme, dont il a frapé la terre, & dont le péché de l'homme n'a pû lui faire perdre la propriété ; de venir afranchir ſon peuple, (puiſqu'il en eſt le Sauveur) en portant lui-même ſes iniquitez, & en les couvrant

toutes par son Sang ; de le rapeller
des ombres de la mort à une vie
nouvelle, en lui inspirant une sincére
conversion ; & de rendre sa joïe parfaite, en lui faisant bien-tôt voir de
ses yeux l'Auteur & le consommateur
du salut qu'il a promis au monde.

Le Prophéte est non-seulement plein II. PARTIE.
de confiance, que des priéres si fer-
ventes vont être éxaucées : mais il ℣. 9-14.
donne de la part de Dieu une assurance positive, que le Sauveur, qui doit Colos. I.
pacifier le Ciel & la terre, est près d'arriver pour ceux qui ont une piété sincére : qu'il fera sa demeure parmi nous,
en manifestant visiblement la gloire du
Fils unique du Pere : Qu'il conciliera Jean. I, 14.
les intérêts si oposés de la miséricorde
& de la justice divine, en acomplissant
les promesses de l'une, & en satisfai-
sant rigoureusement aux droits de l'autre : Que le CHRIST, qui est la vérité, Isa. XLV, &
germera de la terre en naissant du sein LIII.
d'une Vierge ; & que la véritable justice, qui ne peut venir que du Ciel,
justifiera les impies par la foi au Libérateur : Que le souverain bien se
communiquant à la terre, jusques-là
inculte & stérile, lui communiquera
aussi sa sainteté & son innocence,
pour lui faire porter les fruits de

toutes fortes de vertus ; & qu'en conduifant tous fes pas dans les fentiers étroits de la plus éxacte juftice, il rapellera les hommes de leur égarement, par fes éxemples divins, & par fa célefte doctrine.

PSEAUME

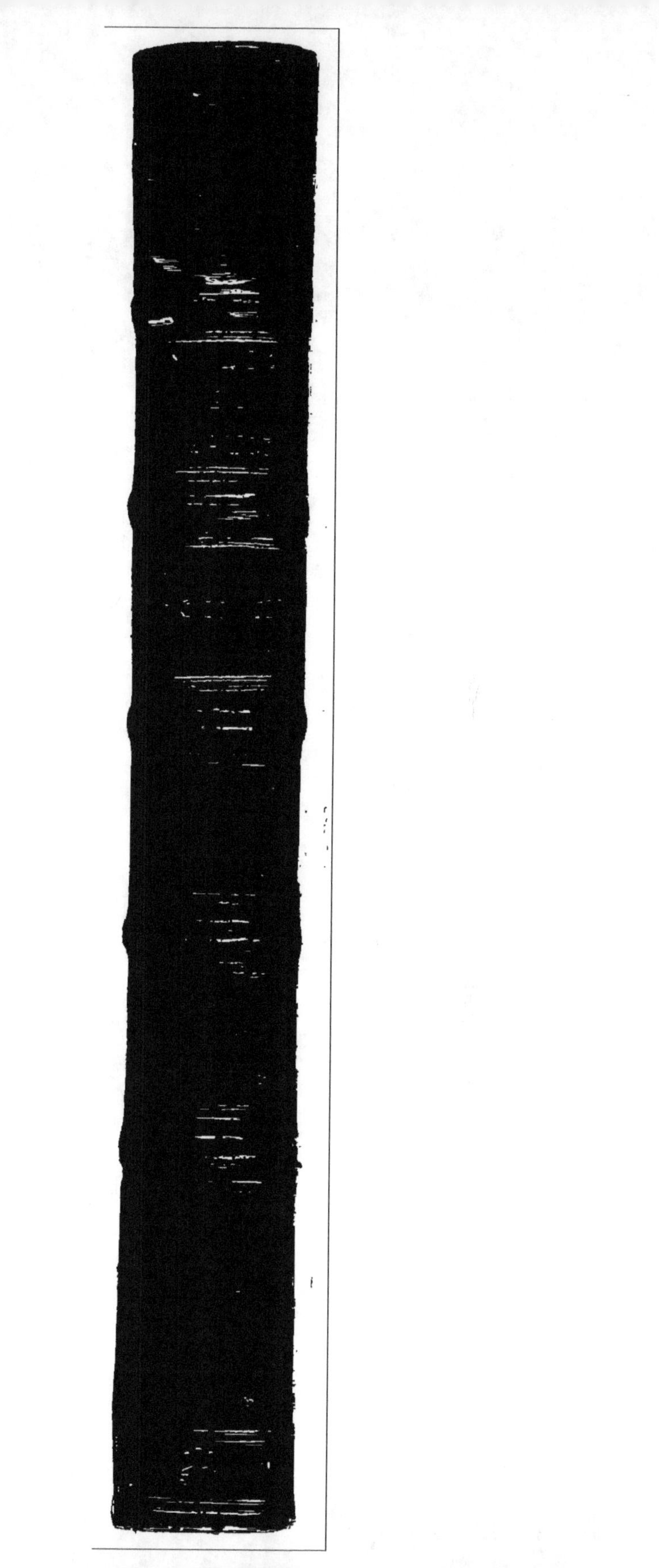